「協商劇場」在北美館

藝術、科技與公眾參與的
五場教學實驗

洪文玲——主編
台灣科技與社會研究學會——策劃

謹以本書獻給

布魯諾‧拉圖
（Bruno Latour，1947-2022）

推薦序 01
不只是展演，更是充滿實驗性的協商

馬汀·圭納（Martin Guinard）

　　2020 台北雙年展不僅是一個展覽，它還是一個非常特殊的劇場型式：協商劇場。協商劇場以一種實驗性的方法探討助孕科技、核廢等台灣重要的社會議題，這些議題是由比受邀策展的法國人更瞭解台灣情況的學者們所選。這劇場有兩個層面的意義；首先是讓我們關注學者們過去已有細緻研究探討和描繪的社會爭議；再者，這個劇場也是一個實驗，藉以學習找到處理這些棘手問題的方法。協商劇場展演的過程就像角色扮演般，但參與者並不是在玩遊戲，而是在「協商」。每位參與者都必須捍衛某個特定意圖，因此他們必須理解對手觀點，也必須能夠清楚表達在不同選擇下的決定因素。

　　這呼應了此次雙年展的扣問，「地球生態」並不會把我們團結起來，它分裂了世代（年長者較不關注氣候變遷）、它分裂了地域（南方國家比北方國家更快受到影響），甚至也在我們每個人內在造成分裂，如同選擇怎樣的交通方式、吃怎樣的食物，都是我們日常生活中必須作出的抉擇。面對這些處境，與其感到無能為力，我們用「協商劇場」結合藝術、戲劇、表演，還有STS，實驗性地探討接下來的進路。

　　台灣 STS 研究社群的參與是關鍵助力，而本次雙年展策展人之一拉圖（Bruno Latour，1947-2022）與他們已有超過二十年的情誼，感謝台灣 STS 社群的積極與實驗精神，讓這任務圓滿達成！

（本文作者為獨立策展人，現居法國馬賽，與布魯諾·拉圖共同擔任 2020 台北雙年展策展人）

沒有人是局外人的關係漩渦，
與美術館重返社會的協商劇場

林平

　　全球雙三年展的生發概念源自於世界博覽會，後者以一種炫耀帝國威儀與成就的傲人姿態，展現文明高度與科技進步。威尼斯美術雙年展即為一例，迄今仍然以「國家館」為參展身分。在上世紀中葉創設的德國文件展，則為另一種以文化交流、知識交換，並具有民主、反帝國威權與文化批判的性格。在這兩種典型之間所形成的光譜可以反映近四十年如雨後春筍般浮現的城市雙三年展：它們尋求跨國聯繫，尤其一定比例是為追求現代化、經濟開發中或政治邊緣的新興國家所用，以文化經濟或城市行銷為訴求，常具有文化櫥窗的功能。

　　雙年展在千禧年以來的頭一個十年達到全球高峰，並在之後迭有起伏，甚至在金融海嘯之後快速下滑。在雙年展基金會的全球圖譜中，現階段登有實錄的約二百七十六項，而持續舉辦並具固定組織和預算規模的，大約僅有百來個；無法設定有效議題、資源不到位、推行結構不穩定，均為銷聲匿跡的原因。「台北雙年展」坐落於同一脈絡，初期以台灣為範疇，1998 年起改制為國際雙年展，是全台最早作為當代藝術平台、以全球為訴求的雙年展，也幾乎是東亞第一批成立的全球雙年展，自始即由台北市立美術館主辦，組織資源穩定發展，已逾二十年。

　　傳統定義下的美術館作為研究保存推展藝術的機構，其核心任務即為朝向視覺藝術歷史的盤整與發展，在現代主義盛行期間甚至化約為一自律性的

美學殿堂，很容易因為「藝術歸藝術」而自外於社會整體發展，成為藝術菁英與造形藝術愛好者的對話空間。二十世紀下半葉，源自於觀念藝術和當代哲學在藝術內部產生的內爆現象，不只改變了藝術的質性，也改變了美術館的社會脈絡。美術館在當代必須反省自身的時代功能，並尋找在知識生產的新定位；對北美館而言，台北雙年展即扮演此一重大自我變革功能。2016年第十屆之前的「台北雙年展」主題，多涉獵國族或文化認同、消費主義、後殖民與體制批判等面向，不脫與現代主義糾結纏繞與重新出發的關係。在我任館長的期間，企圖重新設定「台北雙年展」的社會功能：第十屆的《當下檔案•未來系譜──雙年展新語》，北美館以一種階段小結的方式回應與歷史的多重關係；繼後的二屆雙年展，美術館則具體展開了與當代社會關係的重構。此項關係變革的設定，參與者不再只是作為核心的藝術菁英，而是和不同領域的學術人口進行對話，同時誘發動機多元和背景複合的受眾，帶來區域問題意識與全球當代視野，美術館即為容納差異觀點與價值辯論的「文化大客廳」。因應變革，我也重新界定了美術館的載體性格，它不只是歷史跨越時空的虛實交錯，更是傳統美術館關鍵角色或當代利害關係人的視點交織、身分互換，美術館即為演繹平台調度的「綜合劇場」。我常思索，在生存環境急速變異、氣候變遷、自然和人為災害層出不窮、能源耗盡的時代，美術館為保全文化資產、大量知識與實體物件的來往交換，其自身即為一種極為耗能的機構，不能僅以美學為名而自外於全球環境變遷、人類與物種生存面對威脅的諸種現實。美術館不僅是「相與」（with）、而是「居於」（within）社會整體。藝術家作為美術館的核心角色，其知識、創造性的生產與方法論，可以透過學科解放與感性擴大，重新創造「藝術」可以是什麼，以及它與社會的積極關係。不論是喚起意識、概念反思、觀察測量、行動介入、經驗交換、共融參與，北美館因此動員了連續 2018 和 2020 兩屆「台北雙年展」處理具有急迫性的物種生存和環境議題，企圖創造更寬闊的知識生產平台，倡議與市民生活息息相關的「日常」與「異常」的經驗反思，並且進一步激起潛在的行動與實踐力。

　　2020 年與拉圖合作的台北雙年展《你我不住在同一星球上》，不只是策展人稱之的「思想實驗」（thought experiment）；對我們而言，透過外交技術演練的「協商劇場」，處理各別星球所象徵的不同存在價值，與之間的觀念碰撞，尋找「戰爭」之外的可行之路，才是本屆雙年展的能動核心。在公眾社群間提高意識、在日常行動間展開覺察，值此，雙年展成為探求人類與非人類的相對位置與相互依存關係，追尋共活的交涉過程。「協商劇場」作為整個雙年展的引擎，所模擬探討的現實生存議題，和藝術家的開發創作相互為政，具有此屆雙年展獨有的與現實和社會的多邊政治關係。它導入了大學生的參與，由國立高雄科技大學、國立政治大學、國立臺灣大學、世新大學、國立陽明大學（現國立陽明交通大學）五所大學的討論和共同參與，由台灣科技與社會研究學會（Taiwan STS Association）促動，議題教師在其中扮演的角色不只是知識傳輸與邏輯辯證，同時也是科學哲學與生命科技的同理者。歷經一整學期的議題認知、價值思辨，逐漸進入辯論劇場的操演舞台。一座平面展開、盤據美術館地下展場的橘色漩渦狀迴旋造型的聚集結構，讓參與者亦坐、亦立，既是講堂、又是議事廳。你在現場一旦捲入，就不再有離場的機會；「沒有人是局外人」不再只是一種態度，而是一種具體影響集體行為的公眾設施，在美術館「劇場」內恰如其分地展開，成為「協商」的敘事舞台。這個過程的可貴處並非尋求特定答案，而是尋找如何解決的方式。

　　2020 年台北雙年展首次強調推動本土「公眾計畫」的重要性，並明確界定公眾計畫策展人的關鍵角色：三位策展人在雷達圖中，各自坐落在科學、政治、藝術的多角象限和多邊關係，共同創造展覽多元層次的公眾價值。美術館的「公共性」不再受限於傳統教育推廣的形式，並且成為策展議題自身。因此美術館在 2020 雙年展期間，不再只是承載藝術品的白盒子，或是追求精神超越與昇華、尋求純粹性的物質空間。它積極扮演了博物館星象廳和價值傳遞的教室，同時也是當代科學哲學思辨的實驗室、政治交涉的遊說廳，更是透過感性知識和審美經驗交流與交換的劇場，以及重新建構生存指引和生活羅盤的工作坊。除了空間質性的突破與創造，人的交流互動才

是產生社會質變的契機。因此「協商劇場」不只是個空間或議事場，它是以美術館／視覺藝術為脈絡、攪動價值體系和社會結構的漩渦，在進入這個渦流系統之前與之後，不只是藝術愛好者，更有廣大關心環境議題、科技批判、政治協商、社會參與的社群，他們集體凝聚與擴散在美術館的雙年展場域，沐浴在感性知識的洗禮儀式中，透過藝術創作的媒介，驚覺我們對世界知識的狹隘，反省和重新尋找我們在世界該有或可有的位置。

　　台北市立美術館在亞洲優先啟動了這個美學政治行動，在疫情於全球高漲而在台灣潛伏迂迴的時刻，以北美館為概念實驗與感性探索基地，環繞大學生在「外交新碰撞」劇場演繹的協商技術、為市民客製規劃的環境生存羅盤、它地星球的親子認知與參與、全球水岸運動的影片串流、步向戶外實踐「儲回大地」的藝術、走入山林獸徑的跨域身體感知與知識共築，美術館以雙年展為形器，創造了生態窘境中可以協商與交換的另類思維路徑。北美館首度尋求特殊資源促成全台各地偏遠學童的北雙參訪學習，並推動自 2018 年以來館員走出幕後的二度現場參與，以及自我承諾的日常節能行動。藝術無法改變社會，但作為一場真誠地演出，台北雙年展與台北市立美術館聯手，企圖發揮形塑當代社會價值的影響力。

　　當我落筆書寫這篇文章的時刻（編按：2021 年 8 月），新冠肺炎的疫情正在台灣無情地反撲，同時我已經不是台北市立美術館的館長，為此一書寫殊榮和人類處於疫情困境中的深刻反省，讓我能夠從非館長的角度陳述台北雙年展和台北市立美術館歷史中一段由我所定義的特殊轉捩點，讓兩者攜手向社會全面展開。

　（本文作者為台北市立美術館前館長暨東海大學美術系專任教授，現任臺灣美術基金會執行長）

午夜一百秒之前

林怡華

　　就在提筆不久後，台灣不例外地和全球同步籠罩在疫情陰影中（編按：2021 年 7 月），人們用傳教、宣傳、脅迫所做不到的事，病毒利維坦[1]輕易地突破同溫層，毫無顧慮地橫越地圖上的界線，維持居高不下的收視率，不分時區將世界連結在一起。唯一值得慶幸的，疫情減少了經濟活動導致的碳排放，對氣候的影響反倒是積極的，然而長期來看仍舊令人憂心，因為它終將導致人們迫不及待地將經濟增長置於氣候行動之上。在全台發布第三級疫情警戒的三個月前，《原子科學家公報》（Bulletin of the Atomic Scientists, BAS）向世人公布，距離世界毀滅只剩一百秒，[2] 這是末日鐘（Doomsday Clock）[3] 設置以來連續兩年最接近世界末日的時刻，氣候緊急狀態與核災危機比疫情來得更加嚴峻，實際情況總比我們想像的還來得糟糕。倘若這些轉變無可避免，我們該如何迎接沒有未來時態的世代？

　　2015 年的締約國大會（COP21）在巴黎召開前六個月，來自世界各地兩百多位學生集結在南特亞蒙迪劇院（Théâtre Nanterre–Amandiers）進行一場以 COP21 為情境的模擬高峰會「Make it Work」，然而出席的不再只有國家代表（如同聯合國模擬），也加入了少數民族以及非人類代表如森林、海洋等以虛構的形式參與會議，這是由法國高等政治學院（Sciences Po）所發起，與哲學家布魯諾·拉圖、芙雷德莉克·阿伊—杜亞蒂（Frédérique Aït-Touati）連同建築師和劇場團隊等共同組織的計畫，以實質的氣候倡議行動回應傳統治理體系的失效，透過代表不同領域的實體，在可能違背民族國家自身利益的狀況

下，測試氣候談判可能的替代方法。

2020 年台北雙年展的展覽《你我不住在同一星球上》，共同策展人拉圖與馬汀・圭納以展覽實體作為對於行星的擬想，審視人們之間的差異及其帶來的影響，導入當今充滿不同觀點的環境議題討論。在公眾計畫中，我們選擇將軸心拉回到自身島嶼的經緯，邀請台灣科技與社會研究學會與五所大學的師生們合作，[4] 以台灣經驗為基礎發展的「協商劇場」，參與者得以研究台灣社會的爭議議題，重新制定利害關係人的角色，進行模擬代表的培訓，最後在美術館現場即時辯證。然而這不僅是數天的活動，經由洪文玲、王治平、楊智元、彭保羅、吳嘉苓、陳信行、林宜平、杜文苓與羅凱凌老師群的帶領下，讓多元的學習形式能夠融入到課程中，在活動展開前進行整學期的思考與討論。這樣的協商基礎是建立在多元的學習形式，包含著案例分析、萬物角色的撰寫、情境設定與模擬、肢體的認識與聲音訓練等，重新認知公共政策討論之限制與突破的可能。所謂的角色代表並非是象徵性地扮演（例如穿著黃黑條紋來扮演蜜蜂），而是如同律師與外交官那樣具有為角色發聲能力的代言性。因而目標不在於模仿政治角力與擬真現實場景，而是透過不尋常的協商模組，跳躍以人類為中心的思考邏輯，進行換位思考與非主觀的溝通（你有可能代表在現實生活中與自己立場完全相反的角色），產生爭議在現實劇本之外的情節。

協商劇場作為一套教學工具，然而並非傳授在任何爭論的場合都可以扳倒對手的辯論技巧，即便，無論議題的大小，論爭取勝是大多數人的自然傾向；實情是在不可逆的生態危機中，你我都被安排在同一艘船上，沒有任何人是贏家。當然我們也無意在《叔本華的辯論藝術》中新添章節，而是藝術、科學與政治如能共同運轉的設想下，對於協商本身的重新檢視。對我而言，這是關於如何加入一場具未來情境（future scenario）的思辨。這亦是在美術館舉辦的用意，不只是因為美術館本身具相對實驗與開放的特質，爭議得以在另一種時空的框架重現，參與者亦有機會改變對議題的觀點，皆有助於情節轉折的可能。

　　場次主題的選擇來自每場主持人長期關注與研究的台灣社會爭議，雖然「非人」角色代表在現實場景出現可能會帶來戲謔的觀感，而在美術館或劇場空間卻會被視爲理所當然，事實上，這樣虛構的代表形式，反倒更能反映世界的組成與現實的狀況。也就是協商劇場作爲揭露眞實的謊言之序曲，在「劇場化」的同時「去劇場化」。計畫要點如同刻畫科幻電影般，著重思辨科學的同時，在經驗主義與超驗主義間盤旋，藉由未知的事物或假說，來推想未來現實生活可能的秩序與衝突。本書詳細整理了協商劇場各個場次不同的教學方法與執行過程，同時收錄各界參與者與學生的反饋，如果你在翻閱過程中，對於某些議題持著不同的立場與論點，或是覺得你更適合作爲代表，那就令人放心了！協商劇場的「開放式結局」不會因爲這本書而進入完結篇，眞實中的各類爭議仍需要不斷的討論與修正。

　　如果要說協商劇場有什麼具體的價值，那需留待到參與者的未來作推敲，客觀的眞理並非像我們認定那般地顯而易見，然而透過這本書讓我們在故事中產生故事，重新思考社會議題的多態樣貌，讓我們有機會趕在午夜一百秒之前，聽到從土地湧現的異樣聲響。以此，未完待續。

（本文作者爲 2020 台北雙年展公衆計畫策展人）

1　在聖經中，利維坦是上帝創造最力大無窮的海怪，而霍布斯在 1651 年關於國家論的著作《利維坦》（Leviathan）中，將其比喻爲國家暴力與協商的本錢，敘述一段虛構的歷史，人民自願放棄自由，以換取國家（國王）的庇佑與保護。

2　資訊來自《原子科學家公報》在 2020 年 1 月 23 日在線上公開的新聞稿，Bulletin of the Atomic Scientists, Press Release—IT IS NOW 100 SECONDS TO MIDNIGHT, 23 January 2020。

3　末日鐘是由美國芝加哥大學的《原子科學家公報》於 1947 年所設置，每年一月會進行一次評估，以簡明的時鐘象徵警示著人類離人造的危險技術導致的世界毀滅有多近，午夜零時代表著世界末日。原初主要表示世界受核武威脅的程度，在 2007 年開始將氣候變遷可能造成的災難性破壞納入考量。

4　參與學校包含：國立高雄科技大學、國立政治大學、國立臺灣大學、世新大學、國立陽明大學（現國立陽明交通大學）（依活動場次順序排列）

2020 台北雙年展：協商劇場

議題 1：離岸風電進行式【試演場】　主持人及共同主持人：洪文玲、楊智元

虛構一個新的彰化地區離岸風電開發案，以參加環保署環境影響評估審查委員會的專案小組會議為場景，針對風場工程對海洋環境影響等爭議進行討論與協商。

議題 2：治理助孕科技　主持人：吳嘉苓

以公聽會形式探討是否要修改《人工生殖法》。在經歷非正式協商後，部分成員將建立公益法人精子銀行籌備會，並召開記者會說明精子銀行的宗旨及運作方式。

議題 3：塑化劑爭議　主持人及共同主持人：陳信行、林宜平、鄒宗晏

審視看似蓋棺論定的塑化劑案歷史，將法庭轉換為協商場域，由當時活躍的各方角色重述其立場與看法，並在「沒有最高裁判者」的假設情境下對話。

議題 4：核廢的未知數　發起人：杜文苓　主持人及共同主持人：羅凱凌、楊智元

以虛擬的「非核家園專案推動小組委員會」會議和會後委員立場聲明為主體，加上與非人角色的對話，反思此技術物如何影響人類社會的政治協商。

特別活動：你我與氣候足跡　主持人及共同主持人：彭保羅、鄭師豪

邀請觀眾回答關於居住、交通和飲食消耗等問題，並計量自己的生態／氣候足跡，意謂自己和整體社會的協商，也代表對底線與生活形式的重新探索。

（節錄自台北市立美術館官網）

◀ 策展團隊與〈助孕科技〉
場學生合影。（北美館／提供）

◀〈治理助孕科技〉場次的非人行動者「受精卵」，正在發表自己的看法。（北美館／提供）

▼〈核廢的未知數〉場次的非人行動者「用過核子燃料棒」以劇場表演方式詢問現場大眾「我的存在是一種必要之惡嗎？」（北美館／提供）

上：〈塑化劑爭議〉場次排演畫面，中間頭頂白色雲朵者扮演的是非人角色「起雲劑」。（北美館／提供）

下：在〈塑化劑爭議〉場次扮演塑化劑的兩位同學喊出「食品歸食品」、「 塑膠歸塑膠」。（北美館／提供）

▲ 走進橘紅色漩渦座椅區，也走進「不談完就別想離開」的協商劇場。（北美館／提供）

▲ 由香港 Collective Studio 團隊為 2020 台北雙年展設計的橘紅色桌椅，為一座平面展開、盤據美術館地下展場的漩渦狀迴旋造型的聚集結構，成為一種具體影響集體行為的公眾設施，在美術館「劇場」內恰如其分地展開，成為「協商」的敘事舞台。

目次

導論
以「情境模擬」作為學習方法的協商劇場

楊智元

　　科學與藝術之間的關係可以追溯到 1834 年，在英文中，科學家的稱呼是由藝術家的造字原則而衍生。科學家一詞（scientist）由藝術家（artist）類比而創造，取代了原來西方文藝復興時代 uomo universale（多才藝多能力的人）的說法。然而，自此之後，科學與藝術的距離卻漸行漸遠，英國科學家史諾（C. P. Snow）在戰後提出「兩種文化」之間的鴻溝，一則為人文藝術的教育，一則為科學與工程的教育，而針對特定現象的描述往往是為了開啟變革的可能。2000 年以來科學與藝術之間的區隔，不僅在知識論上受到挑戰，在實踐層次也屢屢顯現突破。藝術展演形式成為一種與科學平行並存，但也充滿批判的實驗性與對話管道，藝術與科學的互動，能夠成為知識累積與生產的新場域。

　　藝術是一種文化體系，科學亦然。藝術並不僅僅是一種象徵價值的存在，藝術還是一種政治、經濟、民族乃至於跨國流通的結合。同樣的，科學並非只是一則關於追求真實的事業。作為一項文化體系的存在，科技與工業生產、商業行銷、政府治理、政黨政治、法令訴訟與醫療醫藥等領域的實作息息相關；正是在這樣的背景上，以科技與社會研究（Science and Technology Studies / Science, Technology and Society, STS）個案分析與理論為出發點的「協商劇場」作為一種教育途徑，結合藝術展演與社會科學研究的一種教學方法誕生——安排學生從情境模擬的角色中學習，理解並掌握爭議的內涵。

協商劇場的起源與教學目標

協商劇場與人類世（Anthropocene）[1]議題展演的連結，近因來自於 2015 年，巴黎聯合國氣候變化大會（COP21）之前，一場由二百多名巴黎高等政治學院學生所參與的會前模擬，法國學者布魯諾‧拉圖是這場活動的主要發起者之一，其目的在於替眞實協商的僵局尋找可能的策略與出路。遠因則是同爲巴黎政治學院所主導，由 2012 年到 2019 年的 FORCCAST（Initiatives of Excellence in Innovative Training of the French National Agency for Research）計畫，它包含兩項高等教育訓練重點：爭議製圖學、協商與辯論模擬。

正因爲如此，協商劇場作爲一種「結合藝術展演與社會科學研究」的教學法，希望透過安排學生從一個或多個角色中學習，並成爲情境模擬的參與者。協商劇場操作的情境以 STS 的爭議研究作素材庫與出發點——「爭議」在這邊指的是科技在社會當中那一分一毫尚未經由權力運作、制度安排、物質設計而穩定化（stabilised）、結案（closed）與黑盒化（black boxed）之處。簡單來說，是指科技普遍存在的一種不確定性狀況。爭議之所生在於行動者彼此之間的利害關係不一致，爭議之所逝在於行動者之間關係的對齊與一致化。學生成爲角色的最佳利益代理人，利益定位的搜尋，不僅透過人與人之間的互動，分散的人與技術、知識與物質的多重互動下，所產生的組裝環境（milieu of assemblage）也是模擬的重點。通過沉浸在模擬環境中來進行學習，這是一種透過學生主動參與來達成教育效果的教育方法。

簡言之，協商劇場可以廣泛地與各式各樣科技相關的社會議題相結合，和傳統教學方法相輔相成，成爲一種探討與培育我們如何認識與面對科技爭議的新途徑。在科學和技術未來發展不確定性的情況下，協商劇場想要揭露科技尚未黑盒化之狀態，其主要教學目標是培訓學生在科技爭議情境的身段展演、言詞辯論和談判技巧，並且能夠包容公共爭論的各種樣態，如外交談判、電視辯論、公聽會、法庭攻防、記者會、專家委員會等等，從中學習如何探索爭議的內涵及找到可接受的暫時安置方法，而一齣未完待續的劇場，能開啓我們共同政治願景的想像與可能性。

不僅只是「講道理」，也懂得「博感情」，不只是「人類中心主義」，
還是「物與人的平起平坐與不斷重組」。

　　以下所述的操作與設定，由 2020 年台北雙年展《你我不住在同一星球
上》法國方策展人提供，筆者再根據此次「協商劇場」實際展演的設計與執
行經驗作修訂與更新。

協商劇場的設計與操作

　　在設定協商劇場的展演設計前，我們須先瞭解情境模擬的範圍，包括
在科學和科技上引發討論或爭議的問題，也就是科技爭議的模擬。至於情境
模擬所涉及的層級體系則包括希望聚焦的區域（世界／體系，如歐巴馬時代的能
源體系、巴黎協議之後的美國交通運輸）、要模擬的主題情境、預計談論的議題
（由一連串事件之先後順序所組成）與事件（由一連串場景之先後順序所組成），以
及設定的展演場景（由角色互動所定義的特定時空）與角色（須思考基本行為準則
與利益基礎）。其中，情境模擬的類型（simulation formats）分為以下三種，其
中外交談判的類型與模擬聯合國的做法有相關性，但協商劇場能夠適用於更
廣泛、更多元參與者的社會協商形式。

1. 外交談判

　　長期以來，模擬國際／外交談判一直是廣為人知的教學活動形式（模擬
聯合國模式）。大多數時候，它展演的題目是各國政府代表團在國際政治各
個議題上所面對的談判情境。在這些情境下，模擬的性質或多或少都屬於明
確的外交峰會，並且在正式（例如全體大會、閉門會談）和非正式（私下促談）
間的一系列協商。模擬外交談判的主要教學目標在於理解國家行動者的互
動，並且體驗國際政治的權力關係、經歷決策過程、團隊合作、議程紀錄等；
往往我們會將事件的情境設定在外交峰會、全體大會和分組會議與非正式會
議。而主要角色可以為參與國家代表團（參與人數可多可少）。

2. 公共爭論

公共爭論可以包含多種的辯論形式，協商劇場的參與將有助於提高對於不同情境類型的認識，它有潛力超越課堂內的教學活動，而成爲社會公衆熟悉公共事務的參與、討論、論述與議題塑造的實驗場域。對課程教學而言，它可以在課程的中間點或課程的最後，通過案例模擬來深化所累積的知識。其主要教學目標在於探索與熟悉不一樣的辯論情境、參與者，掌握不同的表意與論述技巧，而公共爭論事件的情境往往設定在國會、聽證會、說明會、電視辯論會等，主要角色則爲情境中的雙方行動者。

比如將場景設定在科技爭議研究中某場大型開發計畫案的公開說明會，公衆對於工程技術專業人員與開發負責人員所提出的關於技術細節的辯論，像針對離岸風電舉辦的公聽會、進行爭議的辯論。又或是食品公司在產品中使用棕櫚油的利害關係人（stakeholder）諮詢，這可以模擬不同行動者對於風險概念的塑造與風險感知的傳達、溝通。

3. 公共治理

由於社會上科學和技術相關爭議的激增，政策領域或公共行政通常涉及多元的行動者，包括從政府到多樣非政府組織參與的公共治理；同樣的，在一個議題上，不同專業知識見解與多處來源的情況亦已大幅增加，這些涉及不同層級政府單位和不同規模民間行動者的爭議案例都可以拿來進行模擬。因此，在公共治理方面的主要教學目標將放在參與者已熟悉不同治理的情境與規模，而參與治理行動者的多樣性與複雜互動，藉以理解政府治理的政策宣導、遊說方法、參與的彈性、決策流程當中的協調性。我們可將事件的情境放在政府內的會報、行政聽證會、公聽會、專家委員會等，主要角色則爲各級政府與政府下的不同局處、專家委員會、公民團體、公衆。

比如在國光石化案例當中，在立法院要求下經濟部工業局在彰化大城鄉舉辦的聽證會。也或者像本書〈離岸風電進行式〉場次的討論，模擬一整天的彰化離岸風場現場，涵括多場的協商與辯論事件，也包含不同層級的政府

行動者、展演政府與民間行動者之間的權力平衡。施工衝突、地方溝通會、鄉公所、縣政府、地區漁會、環評要求的環境監督小組會議、環保署環評專家小組會議等等，這可以包含多達數十位以上角色，多場規模或大或小的會議。我們可以從非正式的協商或是衝突事件作為觸發點，而媒體的介入與報導可以是模擬的亮點。

為協商劇場設定「先決要素」

在正式開始「協商劇場」活動前，須先為各場活動設定「先決要素」，對之後撰寫場景和確認展演角色數量有重要的影響。在決定先決要素後，便可以運用這些要素建立「場景行程表」（programming table）。需要設定的先決要素包括：

1. 參加人數：即角色數量。

2. 進行模擬的時間長短：可能是二小時、一節課或一天、一個月等等。

3. 可用空間：如教室、會議室、劇院等場地。

4. 議題內容：我們可以透過 STS 研究所累積的爭議案例，形成「科技爭議研究資料庫」。資料庫將涵括許多已研究過的爭議之歷程、議題、事件、爭議點、包含非人與人的行動者（actant）等，可從中尋找想要為此場協商劇場設定的議題內容。必要的時候，可以再透過網路搜尋、新聞報導或至實地訪查來進行強化與補充（例如採訪一位重要的利害關係人）。科技爭議資料庫的優點是，可以提供我們訊息來源清單、行動者列表、訪談內容紀錄，以及爭議的時間順序列表來協助定義場景，進而決定場景與參加其中的行動者。

5. 設定模擬的教學目標：教學目標並非完全受限於所選定的科技爭議研究範圍，可以多於（more than）真實案例內涵，然而，教學目標的設定必須與模擬情境的類型有所關連。議題的選擇必須適當搭接模擬情境的類型，

例如台灣核廢料最終處置設施場址的尋址爭議問題，就不適合使用外交談判的情境模擬來執行。

制定場景行程表

透過確定爭議點和牽涉其中的角色來定義一場場景是很重要的，但在確認前宜先自問：角色是在哪些利益基礎上進行自我表達，進行討論，甚至進行爭辯？在擬定的總體劇場展演時間內，一場場相互關連的場景必須被排進場景行程表，而場景的更換，需要配合舉行地點的更換，亦即「一組場景的組合」被稱為「一個事件」，而每一個事件的內容必須包含「個別場景的目標」、「進行場所」、「產出」，以及參與展演的「角色列表」（包含非人角色）。

舉例來說，如果我們為一場二小時的外交談判模擬事件擬定場景行程表，可以先設定三十分鐘的開門會議來正式表達立場，然後是一個小時的非正式談判，最後是三十分鐘會談來宣讀達成的協議。但若是模擬一個複雜的議題，可能會有多個事件同時存在，當同時存在多個事件時，有必要考慮整體相互協調的一致性。

一般來說，我們會依據參加活動的學生數量來分配角色，如果「角色數量＝學生數量」，則由一人扮演一個角色，但如果「學生數＞角色數」，則可根據場景、角色的重要性與複雜性來分配及增加扮演角色的學生數。例如若模擬伊朗核電廠有七個代表團成員，也就是需要七個角色；而風電開發商所涉及的內容非常複雜，因此我們可安排四位學生來扮演，一位負責統籌領導、一位負責工程技術、一位負責生態評估、一位負責地方溝通。而在法國模擬大巴黎能源公司的例子中，則由二人來扮演執行長的角色。非人角色通常由一人扮演，但可以有多個非人角色。

外交談判模擬事件（共二小時）的場景行程表範例

時間	名稱	目標	場所	產出	角色
0 至 30 分鐘	全體大會 1	立場說明	大廳	雙方會談進行籌備形式	角色 1 角色 2 角色 3
31 分鐘至 1 小時 30 分鐘	非正式談判	雙方會談	其他房間	協議意見／分歧意見書的撰寫方式	角色 1 角色 2 角色 3 角色 4
1 小時 31 分鐘至 2 小時	全體大會 2	協議意見／分歧意見的最終彙整與報告	大廳	新聞稿	角色 1 角色 2

建構角色工具箱

在大多數情況下，只要為事件確定了角色列表，可以交由學生們自行討論分配，以志願或團體協調來分配這些角色，並且撰寫角色自述來強化角色認同。為了協助學生進入角色，教師們可以替學生建構一組情境模擬的「角色工具箱」，提供學生進行角色扮演活動所需要的基礎。工具箱包含議題說明書（包含場景行程表）、角色說明書及議題相關資料：

1. 議題說明書（議題下的諸多事件）

讓學生藉由說明書指示盡快進入模擬狀況，搭配場景行程表幫助學生熟悉每場場景的順序性與預計產出的成果。

2. 行動者列表與角色說明書

行動者列表須包含所有牽涉在爭議研究當中的所有行動者（包含非人角色），以協助我們撰寫塑造不同的角色，但是不建議與角色說明書混淆。在完成場景行程表並選定出場角色後，接著撰寫角色說明書，其敘述觀點可以

是以「我」或是「我們」的角度出發。角色說明書是一項仰賴清單上行動者相關資料來進一步塑造撰寫的文件，必要項目可參考下表：

角色說明書必要項目

1 一張圖片與頭銜全稱（包含從屬單位等）
2 背景介紹（議題定位及近況說明）
3 行爲準則與利益基礎（問題描述與其基本見解）
4 立場（介入爭議點的基本方式）
5 目標（意圖的結果）
6 主要交流對象（與其他行動者的關係）
7 困難點（遭遇的挫折）
8 路線圖（參與多項事件的順序）
9 參考資源（其他重要文件的連結）

3. 角色素材的參考資料

　　該文件是教師爲學生提供的參考資料，以便學生學習和獲取有關當前議題的知識。教師在其他地方收集的資料可以作爲額外補充資料，如一則或是多則科技爭議研究及各種一般書籍、科學論文、技術報告、會議紀錄與訪談、電影等等其他資源。

　　協商劇場的操作可以非常複雜，例如存在著同時並行的「事件」，不同的事件能同時發生，一如街頭遊行的事件通常是爲了給立法院內審議的事件創造支持或是壓力，而「議題」也能存在著前後的順序安排，例如漁權協商的議題，其結果在於達成同意文件之取得，得先於生態影響評估的議題之前來展演。一場複雜的協商劇場長達數天，且同時有不同的事件並行發生，這是一種更爲全面的、模擬眞實情境的做法，每單個協商的開放性結果可能影

響後續協商的結果。此外，參與的學生除了撰寫角色說明書進行角色刻畫與學習的工作，針對複雜問題的立場之演繹、詮釋和抉擇，可以透過撰寫立場文件（position paper）來進行，例如風場開發打樁施工的降噪機制涉及細部的水下噪音傳遞計算與鯨豚生物的危害推估之考量。因此，細部施工方案的選定，可以經由研究、記錄並撰寫立場文件來達成更進一步的學習效果，更強化協商劇場的教學目標。

（本文作者為國立政治大學創新國際學院助理教授）

---

1 人類世的出現，代表著人類總體對地球系統的累積影響至今已經超過了關鍵地質力量（河流、風、海洋等）的影響，因此人類已成為地質或地球物理變遷的主要推動力量之一，地球因此已離開當前的地質時代—全新世—並進入一個新的地質時代。

理論介紹：行動者網絡理論（ANT）

陳宗文、楊智元

什麼是 ANT？

　　行動者網絡理論（Actor-Network Theory, ANT），是一種科學研究（science study）的主張，在 1980 年代由法國的拉圖、Michel Callon 和英國的 John Law 等學者首先提出。這幾位學者共同的理念是要破除現代思想中「自然」與「社會」截然二分的觀念，尤其是預設在自然科學與人文社會科學中對世界的認識方式。他們主張必須從各種不同的行動者自由聯盟的動態來掌握世界的樣貌。換句話說，所謂「自然」不應該無關於人，反而必須要有人的共同參與建構才能形成。同樣的，「社會」也不該是超越個人而預先存在的，反該是行動者共構的結果。

　　從 1980 年代以來，ANT 已經被廣泛用來理解實驗室的科學實作、捷運工程、殖民時代的艦隊、電力系統、養殖漁業，甚至在法律制定等案例上。ANT 提供另類的世界觀：自然與社會不再截然二分。這樣世界觀的提出，使得科學不只是關在實驗室裡的活動，ANT 帶出的是一種不依靠、不受限於結構的權力，也處處仰賴行動者連結「能力」的行動機會。尤其是在 2000 年，當拉圖的《自然的政治》（Politiques de la nature，1999）一書出版之後，基於其對「政治生態學」的主張，讓陷入困境的生態爭議有了轉向的可能性。

ANT 的操作原則為何？

　　拉圖在《科學在行動》（Science in Action，1987） 一書定義了 ANT 必須跟著「行動者」的動態聯盟而行，關注正在形成中的「集體」。他在《重組社會》（Reassembling the Social，2005）更簡明指出操作 ANT 的三個基本動作：

1. 將「全局」（global）進行在地化（localize）。
2. 將在地性（the local）予以重新分配。
3. 將各個不同的處所（sites）連結起來。

換言之，就是要以「關心」（concern）代替「事實」（fact），針對「事件」或「爭議」所在之處，重新定義參與在當中的行動者，並且把這些行動者之間可能有著高度差異性的「旨趣」關聯起來。

　　ANT 著眼於行動中（in action）的各種現象，藉行動者的「重組」過程，了解事物如何被建構起來。既然是「重組」，就不會只有人的參與，還必須納入非人的行動者。例如一項捷運工程，必須有工程師、建築工人、軌道、電車、資訊系統和資金的投入，以及相互支援才得以實現。這所有的元素，並不必然一開始會出現在這項工程裡，捷運工程也因此不必然會順利完成。所有元素是以個別行動者的身分，在某個機會下參與其中，使工程逐漸可能。因此，軌道、電車和資訊系統等，必須以同等於人的「非人」行動者來考察，是 ANT 分析不可少的一環。

出於科學研究的 ANT 與藝術有何關係？

　　ANT 與 art 雖只有一個字母不同，卻差別很大。但要知道，既然 ANT 可以處理像是「科學」這麼硬的對象，面對藝術亦應遊刃有餘。事實上，ANT 不只是要破除學科之間的壁壘，更致力於把原本不相干的（學科）行動者拉攏進來，形成聯盟。拉圖在 2007 年到任巴黎政治學院之後，先是在該校創立了媒體實驗室（MediaLab），更在 2010 年開辦一個名為「實驗政治藝

術碩士」（Master d'Expérimentation en Art Politique, SPEAP）的學程，目標是要訓練學生把 ANT 落實在藝術與政治的實踐上。此外，拉圖也早從 2000 年開始，就與德國卡爾斯魯藝術媒體中心（ZKM）合作策展，實現他將 ANT 與藝術實作聯盟的理念。

1980 年代共同關心 ANT 的學者，在 2000 年以後各有不同的興趣發展。其中，拉圖藉探討氣候與生態問題，使他這一脈的 ANT 提高到全球層次。另在拉圖所規劃的 SPEAP 學程中，也致力於運用 ANT 在公共藝術領域。在 2015 年，SPEAP 團隊與南特亞蒙迪劇院合作，部分參照「模擬聯合國」的架構，發展出「協商劇場」（Negotiation Theater, NT）的行動展演藝術。有別於模擬聯合國有預先設定的結果，NT 是朝向未來開放的，因此保留了 ANT 主張對未來之不可知，具有「不確定性」（uncertainty）的精神。NT 或者也是一種 ANT 的「著陸」。

什麼是 NT？

NT 是一種結合藝術展演與社會科學研究的教學法，安排學生從情境模擬的角色中學習，理解並掌握爭議的內涵。NT 與人類世議題展演的連結，近因來自於 2015 年巴黎聯合國氣候變化大會前，一場由二百多名政治學學生所參與的會前模擬，目的在於替真實協商的僵局尋找可能策略與出路；遠因則是同為巴黎政治學院所主導，由 2012 年到 2019 年的 FORCCAST 計畫，它包含兩項教育訓練重點：爭議製圖學、協商與辯論模擬。

NT 操作的情境以 STS 的「爭議研究」為素材庫與出發點。爭議產生是因為行動者彼此之間的「旨趣」關係不一致。學生成為行動者（角色）旨趣的代言人，眾多行動者間旨趣定位的標定與對齊，不僅透過人與人間的連結，人與技術、知識與物質互動下所產生的「重組環境」也是模擬重點。需要經由角色說明書、技術主張文件與預備會議等等步驟，才能達成角色入魂與情境虛擬的效果。（詳見本書〈導論〉）

NT 要達到什麼目標？

　　協商劇場想要揭露科技尙未黑盒化之狀態與帶領學生走過蒐集經驗資料與詮釋眞實（interpreting facts）的過程，其主要教學目標是培訓學生在肇因於科技本身的不確定性下所產生爭議情境的身段展演、言詞辯論和談判技巧，並且能夠含納公共辯論的各種樣態，如外交談判、電視辯論、公聽會、法庭攻防、記者會、專家委員會等等。不僅只是「講道理」，也懂得「博感情」，不是「人類中心主義」而是「物與人的平起平坐與不斷重組」。一齣未完待續的劇場，能開啓我們共同政治願景的想像與可能性。

（本文作者陳宗文爲國立政治大學社會學系特聘教授、

楊智元爲國立政治大學創新國際學院助理教授）

幕前／幕後

真正置身「其中」的教學實驗

離岸風電進行式：未來工程師的社會連結實作

洪文玲

一、前奏

　　「離岸風電」在台灣，就像轉個不停的風機葉片，穩定且執著地從 2012 年 3 月成立「經濟部能源局風力發電單一服務窗口」，[1] 7 月正式公告實施的《離岸風力發電示範獎勵辦法》開始，一個進程一個進程地持續演化。

　　在海上設置風力發電設施的思考，一般來說，是從陸上風力發電的可行經驗向海上延展，也需要海洋相關技術與治理的協力。台灣自 1980 年代開始投入風力發電相關技術研究，首先在彰濱工業區、澎湖本島等地進行設置風力發電的評估，到了二十一世紀初，一面鼓勵台電及民間廠商投資興建陸域風機，同時也研擬可支持「風」能長期且穩定地發展的基礎體系。根據能源局委託工研院的建構計畫，係將目標聚焦於「資訊暨行政服務」、「本土化陸、海域風能評估與預測技術」及「整體發展策略研擬及相關開發法規研析」。[2] 但是，台灣陸域風機的開發規模並不大，因為法規與民眾預期、公眾溝通並不協調等諸多原因，發生了如「苑裡反瘋車」[1] 等激烈抗爭。在

1　2012 年苗栗苑裡鎮反對德商英華威集團（現達德能源）設立大型風力發電機的事件，當地居民組成「苑裡反瘋車自救會」，主要訴求之一是要求制訂風機設置的相關規範，訂定風機與民宅的最小距離。

歐洲，二十世紀末時，石油公司 Elkraft 在丹麥建設了第一個離岸風場，離岸風場的安裝與效能從此開始，成為新興的海洋工程發展領域。

從技術層面來思考，以北歐、西歐為主的這些國家有多年的陸域風機建置運作，以及石油開發公司在海上安裝鑽油平台的經驗，二十多年來建構了強大的離岸風電規劃、建造與運作維護的體系。二十一世紀初期，台灣在政策上缺少對海域運用的規劃思考，在海上從事工程行為的經驗與樣態也很有限，常見的為埋設輸電纜、天然氣管等必要的特定基礎設施，以及搭配的地質、地形調查和管線的常態監測，因而可以預期短時間內台灣想具備離岸風電所需的海事工程相關經驗，實有困難；但即使如此，離岸風電仍在政策引導下快速地推展。

2013 年，海洋風電、台電與福海風電 [2] 取得離岸風電開發第一階段的示範獎勵資格；2015 年，首座海氣象觀測塔完工啟用，能源局也公布離岸風電開發第二階段的三十六處潛力場址及風場申請要點；2016 年風電開發商陸續向環保署提出環境影響評估審查。隨著第一階段離岸風場建置及環評程序的開展，發展離岸風電涉及的生態與社會議題，也終於陸續浮出水面，進入社會關注的視野。根據《環境影響評估法》，政府重大政策必須進行政策環評，而個別的大型開發計畫也必須考量開發行為對「自然景觀或生態環境」的破壞及對「社會、文化或經濟環境」的影響。

2 福海風電後因環評審查延宕失去示範獎勵資格。

首先引起關注的,是安裝風機水下基礎的打樁噪音,可能影響在台灣西岸沿岸活動——被列為極危物種的白海豚。而風場設置、施工對漁民作業與生活型態帶來的衝擊,影響漁業生計的評估與補償措施該如何進行,也是爭議不斷。其中最根本的原因之一,是缺少對漁業活動及相關海域的基本資料,以致於難以評估與規劃。

台灣要發展離岸風電,不只要考量海事工程技術的引進,與實施製造生產在地化(即技術面向的進步與產業升級),還必須建立海域空間基礎資料,才能在全面性地評估生態影響與社會影響時,建立具有公信力的討論。而過去台灣缺乏海域(及海岸)治理的觀念,海洋事務分屬多個單位缺少連結整合;在海域進行發電產業的主管單位是經濟部能源局,掌管工業發展的是工業局,漁業事務由漁業署統管,國土和海域測量負責單位是內政部和海委會;水下文化資產調查由文化部審議,海底電纜鋪設向內政部申請,發電併聯計畫由台電審查,在得到漁業權、動植物保育區與地方政府等同意函後,由經濟部能源局核發風場籌設許可,才能進行施工安裝、試運轉與營運。離岸風電涉及的政府單位眾多;而現實上,改善海洋相關法規的未盡之處,與離岸風電產業發展,幾乎是同時進行的。

至於目前環評要求須先評估對社會、文化或經濟環境的衝擊,或對利害關係人提供說明,以聚焦共識等過程,也在過去許多陸上開發案看

到，若是評估淺薄，不僅溝通成效不佳，甚至常引起激烈的衝突與政策信任危機。

要在短期內大規模地發展離岸風電這個在技術、資本、文化、空間等方面具有特殊性的「大型技術系統」（Large Technological System, LTS），涉及許多人與非人的利害關係人。離岸風場的各種新爭議，與海洋相關的利害關係人（如已經存在的民間組織：關注白海豚與沿岸生物的環保團體、各地區漁會，與由獨立漁民組成的協會，以及專注於保護漁民權益與環境永續的組織等等）界定、達成共識的過程，與共識的執行面樣態等等，更是嶄新的議題。這些關於海洋的新議題與新的社會動力，都是台灣社會面對海洋治理的嶄新面向。

離岸風電的許多行動者中，「技術運作者」是相當特殊的一群，他們直接負責建置硬軟體「技術」，如海上施工工程師、海洋調查技師、工作船的船員及風機技術員等等，但傳統上技術者大多專注於技術細節與勞動，較少直接面對社會與自然環境的關鍵議題，以致在各種社會對話及討論中，常常缺少技術者身影。有時技術者將跨領域溝通視為負面且耗能的負擔，錯失能透過直接參與基層爭議，而淬鍊成為稱職的跨領域溝通者的機會。若技術者只處理技術，社會溝通者只專注社會協商，二分法的運作可能進一步強化技術的錯置，或是爭論的發散，徒然消耗信任並且增加社會成本。作為工程教育者與 STS 學者，我們相信，如果促成技術者扮演積極的角色，對

於大型技術系統在台灣社會脈絡下的落地生根，應該能有正面貢獻。

〈離岸風電進行式〉場次由國立高雄科技大學（後稱高科大）洪文玲與國立政治大學楊智元共同規劃，高科大工程科系學生參與，透過 STS 的教學設計，課程中交織模擬離岸風場開發的一連串行政流程，最後在「協商劇場」活動當天，進行環評專案小組專家會議情境模擬。我們意圖促成工科學生走出「技術本位」的限制框架，與容納技術系統的社會初步接觸，化身爲多種角色參與協商，藉此體會多元且正向的溝通與協調，看見技術專業在工程發展歷程中的限制與意義，發想未來大型開發可能採取的新穎路徑。

二、鐘聲響起

彰化近岸新釋出一個風場區位，某風電開發商將該區位風場開發案，提送環境影響評估審查，環保署依規定進行程序，召開環評專案小組會議審查；同時安排利害關係人與開發商的協商，並在會後召開協商結果記者會。（畫線部分為虛構的行政程序）

本場次由高科大造船及海洋工程系大學部「工程、倫理與社會」及碩士班「海事工程基礎」兩門選修課的學生爲主體，從 109 學年度第一學期開始執行。由於這兩門課分別爲大學部與碩士班課程，其課程目標及參與人數皆不同，故學生

們也化身爲不同的「角色」。

（一）「工程、倫理與社會」課程：此爲三年級選修課，課程目標爲提升工程科系學生對工程與社會互動的感知力，提供學生科技與社會（STS）的解析觀點，以完備跨領域整合思考與實踐的能力。該課程以在地工程議題出發，探究工程的本質與意義，以及工程與社會的糾纏形塑，並進而理解工程設計與決策的影響，期望有助學生在專業上作不同思考與選擇，成就具倫理意識的工程實踐。

（二）「海事工程基礎」課程：碩士班選修課，課程目標爲建立於海上進行工程的基礎專業知能，使學生對於海事／海洋工程職涯有基本認識，並具備進入該工程領域的跨領域基礎知識，了解未來於海事／海洋工程發展的學習路徑。

　　學期開始，授課教師先向學生說明「協商劇場」是一種新的學習方式，預計如何展開這門課程，包括角色的分配方式與引導學生如何以「跨領域思考及參與扮演，深入認識離岸風電議題」。因爲開發商在本場次情境中是掌握技術關鍵的一方，所以我們一開始就定調由碩班生扮演離岸風電開發商的工程師。課程初期，先拋出幾個問題：「成爲離岸風電海事工程人員，需要那些知識技能？」「檢視過去你所學，有那些你已經會了？有那些你還需要學習？」「海事工程在海洋

環境中進行工程行為，我們需要了解海洋環境的那些知識？」經過一番討論後，學生認為這個角色必須具備「離岸海洋工程施工技術之規劃、設計、管理，以及作業方法與安全」等知識，以及需要進行「包含地質、海氣象或海洋生物等海域工程環境調查與分析」。學生們的看法是，科技的發展與環境的保育必須得到平衡，因此除了領域專業外，具備氣候變遷與海洋環境保護相關知識也十分重要。教師則進一步強調，工程專業者的專業必須在符合環境永續社會期待的共識下進行設計、調和與施作，才能穩固地進展，最後成為正面的工程建設；過往常有開發者或工程專業一意孤行，以致徒然耗費設計能量但未施行，或是工程延宕、修改設計、衝突不斷的案例比比皆是，這應不是工程專業者所樂見的。在學生們熱烈討論後，為這家開發商取名為「博萊能源」公司，取「舶來」與 Brilliant（傑出）之意，也設計了公司商標。因為碩班學生們才剛開始接觸相關領域，因此讓學生採用開發商在環評會的公開資訊，以沃旭能源的「大彰化離岸風力發電計畫環境影響說明書」四案文件與專案小組聯席初審會議紀錄，作為技術內容模板，以製作博萊能源風場規劃與公開報告。

在教師初步介紹離岸風電的現狀與爭議後，大學部「工程、倫理與社會」的修課同學認同以離岸風電為學習主軸，但對於要去北美館「演出」，充滿疑問。於是我們安排全班修課的五十

Brilliant Energy

▲ 參與同學為這家離岸風電開發商取名為博萊能源公司，取「舶來」與 Brilliant（傑出）之意，也為其設計了公司商標。（翁昇鋒／提供）

位學生都須扮演某個利害關係人角色，但在各種角色中擇出一位同學擔任「角色代表」，共有十五位代表。「代表」必須參與額外的課外討論、身體與聲音工作坊及前往北美館開會（專案小組初審會議）的行程（旅費由 STS 學會承接的北美館計畫負擔），但可免除課程期末專題報告。最後以線上回應，讓同學主動表達意願，並利用線上共筆一起列出離岸風電開發的利害關係人之基本行為準則（角色基本描述），以及個別角色在離岸風電開發中重視及受影響的權益；最後教師考量人與非人角色的比例，以及角色間的相關性，選出了十五個角色。十五位代表分別選定自己的代表角色後，其他同學則以隨機分配，成為十五類利害關係人的成員。而「海事工程基礎」課程的碩班修課學生共有六位，則全數擔任開發商的專案部門工程師，並由當中四位同學作為開發商代表北上開會。

角色清單（共十九位）

專家	環評委員 A（生態專長）、環評委員 B（水下技術專長） 專家委員 A（生態專長）、專家委員 B（水下技術專長）
政府單位	中央政府（能源局）、彰化縣政府、台電
團體代表	環境 NGO、漁會代表
民眾	獨立漁民、沿海居民
非人生物	白海豚、經濟魚類、候鳥、岸際生物
開發商	開發商代表四人

　　爲了幫助加深學生對公共治理與代表運作的認識，我們邀請到政治大學創新民主中心（CID）爲學生舉辦了一次工作坊，引導學生建構角色的實際形象與生活史，探討角色代表的個體身分、性格、背景等特性，特別是對於非人角色（例如經濟魚類），或是在學生生活經驗中較難理解的角色（例如漁民），有更深一層的探究。由於我們考量協商劇場於北美館演出時會「被」觀看，角色代表必須向「記者」（現場觀眾）說明協商結果，所以我們也和其它場的團隊一樣安排了「身體與聲音工作坊」，同學們都很樂於接受，甚至有幾位同學說自己從國中就有許多上台表演的機會，所以很適應。這個時代的年輕人比起上一輩更擅於表達自己，這是很令人欣喜的。

　　而後，由博萊能源公司（碩班學生）陸續到地方（大學部課堂）向在地代表（如前所述，由大學部學生扮演在地的利害關係人）報告，各角色成員群體一同製作角色說明書，釐清關注的爭點，協助角色代表對開發商提問，以及盤點協商的籌碼與要求等等。

三、爭點與對焦

　　無論是風場開發程序、環評程序，或是爭議協商，都是一連串的會議或會面。在本場情境中，我們設定的展演順序如下：

週次	流程	進行方式
六	〈離岸風電政策說明〉	由教師扮演經濟部能源局官員，向利害關係人說明國家發展離岸風電政策。
七	召開第一場〈風電開發商地方公聽會〉	由開發商主辦，由利害關係人提問。
八	召開第二場〈風電開發商地方公聽會〉	由開發商主辦，報告調整過方案，再接受利害關係人提問。
	由環保署發出專案小組會議及協商會議通知單	（會議並非真實存在，為本場活動虛構。）
	會議前協商議題	角色代表及風電開發商互相拜會，決定分組協商議題及組成人員。
九	專案小組委員對開發商提出書面意見	
十	召開〈環評會專案小組會議〉（60分鐘）	由開發商報告，回應專案小組委員書面意見，各角色代表分別陳述意見（各3分鐘）。
	進行專案小組會議後協商（兩場次，各30分鐘）	進行各議題的分組協商會議，並撰寫協商結果約定。
	召開協商後〈記者會〉（40分鐘）	協商後舉辦公開記者會，宣讀協議，並回應記者提問。

　　其中，環評專案小組會議後的分組協商，是本情境虛構的主要協商場域。環保署發出以下新聞稿說明（虛構）：

▲ 透過各角色與開發商的會
前協商，決定協商會議各組
的主題與參與者。（洪文玲 /
攝影）

▶ 環保署發文給出席委員及
列席的「人與非人」代表的
開會通知單（虛構）。（洪文
玲 / 製作）

行政院環境保護署 開會通知單

受文者：如正副本行文單位
發文日期：中華民國 109 年 11 月 6 日
發文字號：環署綜自第 1090030688 號
速別：普通件
密等及解密條件或保密期限：
附件：議程

開會事由：「博萊能源彰化風場環境影響說明書」專案小組第 1 次
意見徵詢會議
開會時間：109 年 11 月 20 日（星期五）下午 2 時 00 分
開會地點：台北市立美術館地下一樓
主持人：本署代表

聯絡人及電話：吳助理（0900-123456）

出席者：環評委員A、環評委員B、專家委員A、專家委員B
列席者：經濟部能源局、彰化縣政府、博萊能源公司、台灣電力公司、彰化縣
漁會、漁民代表、線西鄉民代表、白海豚代表、經濟魚類代表、候鳥
代表、岸際生態代表、環保團體
副本：台灣科技與社會研究學會

備註：
一、 請派與本會議事由暨討論事項有關之業務主管（辦）人員出
列席並請持本開會通知進入北美館。
二、 本案請博萊能源公司準備 15 分鐘簡報及書面意見答覆說明。
三、 響應紙杯減量，請自備環保杯。

行政院環境保護署(假)

第 1 頁 共 1 頁

為了達成能源轉型的目標，同時改善空污、碳排和
廢核電等迫切問題，離岸風力發電的建置已在台灣
西部海域如火如荼地展開。這個技術產業在台灣紮
根，必須在發展的過程中同時顧及海洋環境調查及
生物多樣性保育，也考量受影響的漁業及地方發展
等，是重要且急迫的議題。

人類生活與社會運作的眾多技術現實，持續產生爭
議與矛盾。環境保護署負責環境影響評估業務，嘗

試建立一個新的、有效的協商機制，以博萊能源彰化離岸風電開發案的專案小組會議作為試辦。在專案小組會議議程後，由委員主持及進行利害關係人分項協商。分項協商議題已先由利害關係人與開發商在地方公聽會後議定。本署在分項協商後即召開記者會，公布協商結果，並接受記者提問。

本署希望此協商設計，讓持不同意見且在既有制度上常呈現反對彼此，或無法直接面對的利害關係人，得以有機會共聚一堂，進行理想性的協商並尋求可能解方。分項協商議題及參與協商代表請見下表（略）。

　　活動結尾的協商議題是根據模擬的開發商與利害關係人會外討論、聚焦，大約可分為「施工前」、「施工時」與「運維期」對生態、漁業等影響與正面措施，以及工程設計的可能性。

(1) 生態調查：施工前對當地生物數量、分布區域、生活習性應進行調查；施工中應調查經濟魚類及白海豚受打樁的底土揚起及噪音的影響。

(2) 漁權補償：季節性魚類的捕撈受風機影響的損失；受風機影響損失的其他經濟補償。

(3) 岸上工程：變電站附近居民補償措施及之後電磁波檢測規範。

(4) 風場／風機設計：風機設計的改變或改善，以保護海上及水下的生態。

(5) 漁業轉型：漁業轉型的可能性與方案。

(6) 運作後環境影響：運維期應監測水下噪音及水質污染物，及風場對白海豚、蝙蝠、藻礁等影響。

(7) 地方發展：候鳥保護區的後續維持，以及未來相關技術人才培植。

(8) 運作及緊急情況：遇突發狀況時的斷電機制或是緊急處置，例如颱風的嚴重侵襲。

四、真實與虛構的體驗

〈離岸風電進行式〉是 2020 台北雙年展在北美館一系列協商劇場的第一場展演，我們邀請關心環境議題的立委與助理、環境權保障基金會、《鏡傳媒》、《上下游新聞》、《焦點事件》、環境資訊中心等媒體記者，及開發商公共事務部門，還有工程與 STS 學者等到場，加上活動當天的觀眾，共同成為現場記者會的（真、假）記者。其中受到矚目的議題焦點人物，有雲林縣近沿海作業漁船協進會理事長李平順、蠻野心足生態協會創會理事長文魯彬律師及立法委員洪申翰等。

這些「記者們」近身觀看，旁聽代表們在專案小組會議中的三分鐘立場發言，以及人與非人代表們在小組協商時針對議題協商的過程；在協商結束、各小組宣讀協商結果後，紛紛提出回應與追問。李平順有感於漁民代表在協商過程中的妥協，他說道：「很多事情不見得要低頭，但是我們可以談，只要講出合情合理，因為這些事是實際上影響到當地人民的生活。（針對協商結果）

現在我還沒有聽到可以真正幫助到在地人，講幫助、補助都是冠冕堂皇的口號。企業在大型開發之前，可以先深入地方，跟當地的人合在一起，了解當地為何反對。」文魯彬則質疑公部門代表的「作為」，「如果耗費這麼多力氣做離岸風電的綠能，但還是任由大型耗能產業繼續運作，是否有意義？」也有記者向白海豚代表提出，「是否能堅持不配合開發的反對立場？」一位任職於離岸風電開發商專責地方溝通的專案經理則感慨：「這兩個小時的協商劇場，彷彿是過去兩年的日常縮影。」

學校裡的專業教育，常以政策先行、技術先行、目標先行的思考進行教育方案，但是大型技術開發案若在對「地方」不了解的狀況下開展，會讓各方付出意料之外的時間成本與代價。對地方的認識包含生態調查、社會脈絡等等，都應該是工程規劃的起點，可惜的是工學院體系缺少在

◀ 在公眾關注下進行的小組協商（閉門會議），左一為文魯彬律師。（台灣科技與社會研究學會／提供）

工程實務上對眞實的人與價値衝突的認知。在制定協商劇場操作方式時，策展人林怡華強調，希望協商劇場提供一個虛擬的、理想的程序，讓人與非人的代表，爲「共好」協商；也讓參與者經歷一個善意的協商，作爲對應眞實世界的一次正面經驗，協商結果並不是教學操作的焦點。

實際上，參與本場劇場（課程）的工科學生對於大部分角色的生命情境相當陌生，也因爲時間有限和課程安排因素，無法親身接觸眞實的利害關係人以深入了解，學生僅從統整外部資料得到的角色深度，終究有難以著力之憾。再者，爲了有別於現實中協商破裂、各自表述等等遺憾的

▲ 在「公開記者會」中，坐在照片右半邊的代表們，須面對坐在左半邊的記者們（眞正的媒體記者與相關單位代表）提問。（北美館／提供）

協商結果，我們設定「一定要達成協商」的正向共識。參與的學生們不知是否因為工程師「使命必達」的投射意念，或是專業背景同質性高，都相當快速且順利地「達成協商」；但看在眞實世界中面對衝突遭遇困境的眞實角色們眼裡，不免覺得太「輕易」了，因而對協商「結果」提出疑慮。這些眞正的利害關係人的提問也給扮演角色的「代表們」，面對「眞實世界」與「眞實角色」的強力震撼。

五、結束，未完

在 2020 台北雙年展的網頁上，標示本場〈離岸風電進行式〉爲「試演場」；「試」了什麼呢？

〈離岸風電進行式〉不僅是協商劇場的第一場，也是各場主題中唯一一個 STS 研究尚待全面開展、深入探究的議題。台灣社會普遍對離岸風電感到陌生，一方面因為近十年才剛開始推動，一方面也因為涉及的場域（外海、中南部縣市）、社會群體（工程技術者、漁民等）、非人（海域與海岸動物與生態），都不在公眾視野的中心。但國家的綠能規劃，陸域與海域國土治理，及對應大規模經濟投資的能源與經濟邊緣社群公正轉型，都是台灣未來三十年的重要課題。[3] 這個場次學生們可以參考的資料以政府公告、報章雜誌及倡議團體報導，與開發商釋出的公開報告等等為主，學術研究的成果或初步資料極少；相關爭議議題涉及各專業領域，如公共行政運作、海上施工、

3 蔡英文總統於 2021 年世界地球日宣示台灣 2050 淨零轉型目標，行政院於 2022 年 3 月公布「臺灣 2050 淨零排放路徑及策略總說明」；離岸風電包含於十二項關鍵戰略第一項「風電／光電」，由經濟部主責。

電力配置、生態監測與評估、利害關係人溝通與共識建立等等，都是新穎且極具挑戰的課題。通常只專注在自己課業的工科學生，要在短時間內掌握重要觀點，是相當困難的挑戰。

因此，由於參與的工科學生對於跨領域的議題，及人文社會科學領域研究、批判當代議題的方法學並不熟悉，本場教學重點並不在討論取徑是否深入，而是較重視流程安排的邏輯與延展，例如會議目的的設定與順序的安排，幫助所有學生進入「類眞實」的工程開發情境。有趣的是，原本安排水下技術的環評委員與專家角色，便是希望讓造船與海工的學生能發揮專長，但在分組時，這角色卻最不受青睞。爲何工科學生排斥或害怕扮演工程專家？扮演開發商的碩班學生說，正因爲是自己學習中的專業，所以更清楚地知道自己有多不足，陷入了解技術細節的「冒充者」恐懼。不過，對於較陌生的人類角色，如漁民，或是難以揣測的非人角色，如候鳥，學生們揣摩起來也是備感壓力。也不禁讓我們思考，是不是工科學生的社會化程度過於不足了？

在這個首場，我們以「正式」服裝開會，希望表達所有參與協商的人與非人角色，都是平等而有力的。而「前往台北」、「美術館場域」，與營造「正式感」的準備過程，則爲較少關注社會運作的工科學生提供了框架布景，放下戲謔彆扭的身段，投入嚴肅誠摯的討論中。協商劇場形式的教學與一般的角色扮演有所區隔，這個「作

為社會人士」的感受營造，應該有助於學生進入會議協商情境的期待。可能也因為這次的經驗，後續幾場次演出決定採用「扮演性」較強的方式，並提供了更多元的互動。

〈離岸風電進行式〉受惠於修課人數眾多，是這次協商劇場各場中，唯一角色代表真正經歷群體討論，與代表者實踐角色「代表性」的。所有修課學生在課程引領下，參與了兩次地方公聽會與議題研商，也為角色代表前往（北美館）開會時的討論與協商，提供意見與對策盤點，同樣是這個教學實驗中重要的參與者。這樣的課程操作方式，可提供教學者規畫多班、多人數的協商劇場參考。

而在記者會（協商劇場）結束後，我們看到角色代表們回到身為工科學生的認知，方才被「記者」質問的蒼白臉龐才漸漸回復紅潤。儘管風機、白海豚、候鳥都遠在百里之外，但感謝這兩個月來虛實交錯的劇場，為這批年輕工程師和作為引導者的我們，在演練工程技能的剛硬路程上，投射出一條清楚的延伸線，指引我們學習面對未來的真實世界。

（本文作者為國立高雄科技大學造船及海洋工程系副教授）

學生回饋1

這次的課程真的讓我受益良多，很喜歡這種教學模式，這才是大學上課該有的樣子啊！也讓我對離岸風電有更深入的了解。不論是風機的架構、維護，甚至到海洋生物的生存、繁衍，抑或是對沿海漁民與當地居民的影響、補助，都學到了非常多，也對「協商」有了一些初步的認識與了解。雖然我們只是協商劇場，非常和平且愉快地解決了問題、達成了共識，但是在現實面一定不可能這麼順利的，要如何才能皆大歡喜，這個問題還值得我們去思考與探討。謝謝這次的課程規劃讓我有機會去別的都市開開眼界，還參與了台北雙年展的小演出。我自己覺得最大的改變是看問題的方法，學會從不同角度看問題真的滿有趣的！

（張育銨／高科大造船及海洋工程系學生）

學生回饋2

原先只是好奇所謂的「模擬協商」到底是什麼？看到老師課堂上的紀錄片中大家努力發表的樣子不禁讓我感到嚮往。實際參加並分配到角色（環評委員）後，上網查了資料，發現這個角色在現實中的位置是如此重要，不僅是決策者，更需要有夠多的專業和經驗來評策。本次的模擬會議也加入了很多非人生物，原本我以為這個不怎麼特別，但是直到會議完記者提問「為什麼要加入白海豚呢？其他國家是否也有工程和特殊物種協調的案例？」我才了解原來這個是台灣獨有的特色啊，真正重要的是如何讓新的改變和當地共存。可惜這次的準備時間有點短，如果時間能再長一點就好了。或許我們能和現實中的真實人物作訪談，應該就更能代入角色。現實中的事件過了很久都沒有結果，套一句現場模擬記者的話：「本次會議的一個小決定，在現實中可能需要數個月甚至數年才能出來。」最後，我覺得想出能用學生來模擬，並試圖找出新方向的人真是太聰明了，讓我獲益良多。

（蔡名軒／高科大造船及海洋工程系學生）

我抽到的角色是「獨立漁民」，抽到時我不是很清楚定位，查資料後才發現雲林有獨立漁民與風電開發商的紛爭，順著一篇篇報導往下看，後來以「漁會無法代表所有漁民」為角色定位。活動當天的緊張感，在現場幾次排練後消去不少。進入第一場正式會議後，在漁會的幫助下與開發商達成了共識，得到了一筆補償；而第二場會議是要討論漁民未來發展、轉型，但結果較含糊，當時只顧著訴說自己的需求，遺忘了他人訴求有些可惜，不然結果可以更完整，算是個教訓。後來直面（模擬）記者詢問時，新聞上與開發商對抗的雲林漁民有來到現場，提出的問題有如顆直球「咚！」一聲敲在我腦門。大意就是有些質疑我們達成共識的可行性，我把商討結果較清楚地解釋一遍後，教授就幫忙救場了。而漁民大哥也說：「既然你是漁民，就要像漁民強硬一點，大聲完整地表達出自己的想法，漁民也不是別人說什麼我們就做什麼。」給我上了一堂震撼教育。這次的雙年展協商劇場順利落幕後，我覺得自己能更好地與人討論事情，也學到了不少發表意見的方式，若還有下次，我會挺願意參加的。

（吳彥明／高科大造船及海洋工程系學生）

我們扮演風機廠商的角色，一開始只覺得是一個模擬會議，有點像辦家家酒，對自己的報告也不太有自信，因為我們的報告也都是從網路上查到的資料，對真實的施工技術及現場的SOP，甚至法律都是一知半解。但當我們報告完且聽到真的記者、漁民、環保人士的問題與意見後，我的想法改變了。工法、技術、法律等等都是死板且既定幾乎不會有太大改變的，我們更需要了解的是「人」。我覺得「人」是很多事情的最大變因，在這個倡導人權的世界，動、植物也有其生存權利，我們常常以自己的角度去看這個世界，但同一世界映照在不同人的眼中，就會有不同的風景，有人重視環保，有人重視結構，有人重視效率……每個人都有自己的意見，如何讓他們與自己有共識，是目前我們所欠缺且需要學習的：與人溝通。

（洪佑承／高科大造船及海洋工程系碩士生）

學生回饋 5

其實在活動尾聲聽到那位漁民發聲的那一刻，心情不是很好，因為我才驚覺自己在表達時沒有真的完全站在白海豚的立場，多少還是摻雜到一些人類的思想；協商會議結束之後，我還是不斷在想，我到底該怎麼為白海豚訴求，才是對牠們最好的呢？不過很謝謝那位漁民讓我了解到，在協商劇場裡「沒有任何東西是一定的，人類不可能永遠是最大的！」

（谷皓莛 / 高科大造船及海洋工程系學生）

學生回饋 6

一開始得知要參加雙年展，其實心裡有點排斥，畢竟離岸風電與自己的專長有點落差，很怕表現得不夠專業和發生缺失，另一方面也怕自己準備不足，導致不尊重其他參與者，自己又比較內向，種種因素都讓我很擔心。但在活動結束後，我很慶幸自己能參與協商劇場，過程中我學到的遠比坐在教室裡多更多，像是面對一個專案，一個工程師需要做什麼，了解什麼；也藉由每次會後討論和心得分享，學習他人從這個過程中得到的經驗，讓專業不單單只是課本上的各種數據、各種理論，而是建立在這些基礎上，去開創更多的做法，協商一個平衡。經過這次的協商劇場，我看事情的面向變廣了，思考的事情也比以前更多，開始知道如何去取捨。

（陳佑迪 / 高科大造船及海洋工程系碩士生）

Q
如何讓非人行動者在會議中得到與人類一樣的平等發言權？

在公共議題中現身的非人行動者樣態多元，考量他們的屬性及在議題中的角色，以及各議題設定「以『協商』為核心」的情境，可以設計出不同的平等參與方式。離岸風電場次的非人行動者，主要是生物群體如白海豚、鳥類、經濟魚類等，與許多人類代表一樣，都是以族群的利益為考量。我們讓所有與會代表都穿著一致的正式服裝，創造平等發言的氛圍，同時讓分組議題協商時的每組都有人與非人行動者，混合表示意見成為常態。但這一致性也難免框限了表演性。

助孕科技、塑化劑和核廢場次的非人行動者，有生物特徵物（精子、卵子、身體）、非生物科技物（如塑化劑、資料庫、燃料棒）和特定區域（如北海岸）等，場景設定則是公聽會、討論會等。這些非人行動者，則以可辨識的服飾，透過理性呼喊或是流露情緒與記憶的敘說，積極爭取其他行動者或是觀眾的認同。

協商劇場在法國原始的設計是外交式的政治協商，但是在雙年展這五場實驗中，是分別依據議題設定創造不同的變形，由嚴肅的會議開始，進展到最後的觀眾共情，雖與法國原版都同樣地重視非人行動者發言的權力和角色的位階，卻展現出不同的協商動力。

建議大家在為一個議題設計協商劇場時，先找出重要的非人行動者，把重點先放在這個角色的處境、選擇、期待及未來可能，先不需要聚焦在「如何扮演」，更不需要一開始就進入擬人化的劇本。選定場景時則要重視人與非人的平衡布局。當扮演者透過深入的研習，便能豐滿角色的內涵，此時再規劃設計出場時可以強化發言力量的「裝扮」。（洪文玲）

「卵子要救濟！」：治理助孕科技的協商、劇場與共學

陳韋宏、吳嘉苓

一、議題／背景：翻轉人工生殖

人工協助生殖科技分離了「生殖」與「性」，創造了無須透過異性戀性交也能生育的可能性。但台灣的《人工生殖法》規定，僅有不孕的異性戀夫妻才能使用這項科技，排除了單身男女與同志伴侶。[1] 這促使一些社群主張擴大使用資格，讓這些有意願生育的男男女女，達成生育子女的理想。然而，從環境生態的角度來看，人口爆炸已造成地球許多危機，因此也有關切地球永續環境的人士質疑，是否有必要以助孕科技來製造更多以血緣爲基礎的新生兒。《人工生殖法》該如何修改？我們使用助孕科技的方式，可以有什麼樣的設計？這個時代的「造人科技」應該看重哪些價值？又能有什麼樣的創新？

在 2020 年 7 月，臺大社會所吳嘉苓教授確認參與台北雙年展的「協商劇場」時，便決定以〈治理助孕科技〉爲主題，而這也正是台灣通過同婚後，高度爭議的修法議題，特別值得以協商劇場的形式促成公眾的關注。這一主題計畫後來規劃以兩場場景設定來呈現：

1　《人工生殖法》第一條：「為健全人工生殖之發展，保障不孕夫妻、人工生殖子女與捐贈人之權益，維護國民之倫理及健康，特制定本法。」第二條第三款說明：「受術夫妻：指接受人工生殖之夫及妻，且妻能以其子宮孕育生產胎兒者。」

1. 立法院「公聽會」形式：號召各方行動者，探討是否要修改《人工生殖法》。

2. 「公益法人精子銀行」籌備會與記者會：在經歷非正式協商後，部分成員將建立「公益法人精子銀行」，並召開記者會，說明該機構的宗旨及運作方式。

二、角色／劇本：滾動式修正

在決定主題後，我們便針對議題所需及預想的學生特性，規劃出「人」與「非人」共十六個行動者，當中涵括四大類型：政府官員（立委、生育及健康署署長、英國 Human Fertilisation & Embryology Authority 代表）、相關利益團體（同志權益樂活聯盟會、單身生育權益促進會、照護藍星聯盟、台灣宗教團體捍衛家庭小聯盟、福爾摩沙生殖醫學會）、關切此議題的公民（單身女性淑芬、有跨國生殖經驗的 Joan、生殖中心諮詢師、公益法人精子銀行籌備會），以及四個非人行動者（卵子、精子、受精卵、人工生殖資料庫）。

這樣的角色設計，是期許協商劇場的運作能奠基於現實，也保有開創性。例如，我國沒有「生育及健康署」這個政府機關，設計這個虛擬機構可顯示我們的主張——以新增組織架構來擴大生育治理的資源，以及表達對生育治理的期許。而「同志權益樂活聯盟會」、「福爾摩沙生殖醫學會」則在台灣有類似的民間團體，由學生們參照

既有的團體運作，自行發展出新的命名與設定，較能不受束縛地提出新的想像。

這些角色設定與劇本，其實早在 2020 年暑假，便由老師初步擬定，但是直到 9 月開學確定修課學生數後才調整定案。像在修課學生中的 Sam Robbins 來自英國，因此彈性地增加英國治理助孕科技的 Human Fertilisation & Embryology Authority（HFEA）代表的角色。

在決定角色的過程中，我們也對行動者清單作了些許調整。例如，原先有「想要生育的已婚男同志」一角，但由於修課人數限制，故刪除這個與其他行動者立場較為重疊的角色，保留了單身女性、有跨國生殖經驗的行動者。另外，課堂上也開放同學們提議增加行動者，像是有同學依據自身對於此議題的理解與原先的知識背景，極具創意地提議增列「生殖科技公司」及「冷凍設備」等行動者，只不過考量可行性及同學扮演意願等因素，最終並沒有納入。經過多次調整，最後建立的行動者名單，請見表 1。參與者可以自行決定用本名（例如立委、署長）還是用化名（例如「曾想生」）。行動者的描述，也由扮演者閱讀相關資料、上課共同討論後才定案。

如同前面提到，在 2020 年暑假已擬定初步劇本，並設定好公聽會、公聽會後的非正式協商、公益法人精子銀行籌備會，以及籌備會後記者會等場景，請見表 2。在這四個場景中，各自有不同的協商目標、商議結果及利害關係人，而且在

表 1：行動者名單

行動者	行動者描述
立委	陳韋宏，因應同志婚姻合法化，希望能夠推動修改《人工生殖法》使用資格限制；並邀請公益法人精子銀行籌辦會總召於公聽會後召開籌備會。
生育及健康署署長	高珮瓊，相關主管機關主管，與立委列席，聽取各方意見，即席回應之餘，也納為修法的依據。
同志權益樂活聯盟會長	曾想生 Tseng Johnson，主張現行法令過於落後，認為在同志婚姻合法化後，應該將同志伴侶的生養需求納為考量。
單身生育權益促進會會長	許峰瑞，主張單身男女應有權益使用人工協助生殖科技來達成生育的理想，並引用相關研究，證明單身者也有養育子女的能力。
照護藍星聯盟總執行長	溫敬和，提醒擴大生殖科技適用範圍可能會超越環境所能負荷的範圍。
台灣宗教團體捍衛家庭小聯盟理事長	劉基旬，反對在生殖科技中殺死胚胎的技術使用，也反對同志伴侶使用生殖科技，因為會使用第三方的精卵。鼓勵同志伴侶可以透過收養來解決養育的需求。
單身女性	王淑芬，難以有機會透過婚配來生育小孩，曾透過各種方法努力均失敗，很希望能夠修法成功，讓她能在沒有伴侶的情況下完成生育需求。
女同志	Joan，與伴侶想要生育小孩，但台灣法律並不允許，因此兩人到加拿大與泰國進行人工受孕，並在台灣誕下小孩。
卵子	卵子常隨著年齡增長而品質下降，因此卵子強調時間壓力，認為應該要讓能孕、想孕的人，能利用生殖科技適時發揮卵子的功能，也就是孕育生命。
精子	希望可以放寬「活產一次，該名捐精者的精子就得銷毀」的現行法規限制。
受精卵	現行法規讓受精卵非常焦慮，因為不僅在生殖科技中需要受到嚴格篩選與評比，也讓無法使用生殖科技的受精卵常常需要跨國生殖。
資料庫	主張修法對於人工生殖資料庫而言，完全沒有任何影響，只需要將《人工生殖法》中的「受術夫妻」修改為「受術者」即可。但基於資料庫能被妥善使用的目標，它非常贊成修法。

行動者	行動者描述
福爾摩沙生殖醫學會會長	陳廷彥，醫界長期支持有單身與同志伴侶使用生殖科技，生殖醫學會會長認為台灣有這麼好的技術與資源，卻還讓這些有實際需求的伴侶必須出國尋求協助，是本末倒置的。
醫院生殖中心諮詢師	高睿，對於是否擴大使用資格本身，並沒有特定的立場。諮詢師想藉由這個發聲機會呼籲大眾重視使用人工生殖科技的倫理議題。重點不是誰能使用生殖科技，而是如何評估誰是合格的使用者。
英國 HFEA 代表	Sam Robbins，以英國 HFEA 長期使用植入數目、成功率、多胞胎率等資料來呼籲醫界降低多胞胎的植入數目，並透過案例說明人工生殖科技與統計資料連動的重要性。
公益法人精子銀行籌備會總召	劉亞綸，期待建立一個非營利組織，以性別平權為宗旨的公益法人精子銀行。

表 2：場景設定

時間	場景順序	場景設定	場所	目標產出
0-60 分鐘	公聽會	各方行動者的立場說明	立法院	各方提出自己對於修改《人工生殖法》的看法
61-80 分鐘	非正式協商	不同行動者各自聯繫	立法院花園	各方私下交流協商
81-120 分鐘（121-140 分鐘茶點休息）	公益法人精子銀行籌備會	由行動者按照意願參與	會議室	想要加入建立新型態組織的成員，提出精子銀行的名稱、宗旨、運作方式。
141 分鐘 - 180 分鐘（記者會發表）	公益法人精子銀行記者會及 Q&A	宣布成立籌備會，提出理念與運作方式。	記者會場地	記者會新聞稿

原先的設定裡，除了公聽會外，各行動者可以按照協商走向，自由地參與非正式協商與後續的精子銀行籌備會。然而，在實際演練以及考量台北市立美術館的場地特性後，最後刪除公聽會後的非正式協商橋段，並且彈性調整公益法人精子銀行的運作時間，增加與現場觀眾的互動。滾動式修正劇本、兼顧學生的學習效益，以及公共演出的互動性，是協商劇場排練所必經的歷程。

三、選角／執行：認識議題也認識自己

這個展演的參與者是來自臺大社會所開設「科技與社會研究」課程的修課與旁聽生，學生來自臺大、師大的大四及碩博士生，而本計畫的助理陳韋宏則加入擔任穩定大局的立委一角。[2] 老師在學期初講授課程大綱時，便對學生清楚說明本學期有五週課程進行「協商劇場」展演計畫。也有學生是受到協商劇場的吸引，才決定選課。

在上完一個半月的課程後，學生們對生殖科技爭議已有一定基礎的瞭解，我們便開始讓學生按照自身意願填寫行動者志願序。超出預期的是，原本我們以為非人行動者如精子、卵子、受精卵、資料庫等角色會較不受學生青睞，沒想到學生並不排斥扮演難度較高的非人行動者，每個角色都有超過三位學生有意願扮演，甚至有同學在學期初就躍躍欲試地表示一定要扮演精子。反而在選角第一階段，較無人願意擔任虛擬利益團

2　協商劇場參與名單（按筆劃）：王安琪、吳嘉苓、姜可祐、孫以翔、郝嘉昕、高珮瓊、高紹芳、高睿、許峰瑞、陳廷彥、陳韋宏、曾維宏、黃科量、溫敬和、劉亞綸、劉榮盼、Sam Robbins

體，例如環境團體、單身生育權益促進會等。由於我們已與學生相處一段時間，除了參考學生們的志願序，也會考量學生的個人特色，最終決定了角色分配。

而在選角階段之初，先安排學生參與由台灣科技與社會研究學會與北美館所規劃的身體工作坊，這是一般偏重閱讀思考與寫作的研究所課程少有的體驗。工作坊邀請到窮劇場的鄭尹眞老師帶領大家開發肢體與聲音表情，鄭尹眞說明：「在舞台上，每一個關節都是可以動用的資源，而不只有臉或是手而已。」她引導學生將自己肢體區分成上、中、下三個部分，將三個部位隨機地連結到夥伴的另外一個部位，讓大家學習伸展、認識及運用自己的肢體；還請學生把聲音表情想像爲「四季」來練習一對一講話，像是自己要先設定好用春、夏、秋、多哪一個季節氛圍來說一句簡單的話（例如「我生氣了！」），再由其他學員猜測自己內心設定的是哪一個季節情境。在工作坊結束後，學生們的回饋是能透過這些練習開發自身肢體與聲音的多樣可能；而這樣的練習，非常有助學生去揣摩協商劇場可能的表現方式。

▲ 身體工作坊照片。（吳嘉苓／攝影）

四、課堂／預演：說服與吸睛

除了工作坊的聲／身練習，在正式進行角色分配前（學期中後期），我們也規劃了幾週課程讓學生們瞭解與生殖科技相關的議題與爭議：先建立學生對於科技與社會研究的基礎知識，再

以助孕科技治理作為專題討論。在課程第八週（2020/11/04），學生們須事先閱讀女性主義科技論的素材，老師再說明科技與社會研究如何關照生殖科技議題；次週讓學生閱讀生殖科技研究文本，討論助孕科技中的近用資格與身分政治。

根據劇本場景設計，在演出之前我們會協助每一位行動者擬定公聽會發言稿，同時配合課程設計，先從整個生殖科技的技術背景與社會爭議出發，再來產出用以協助學生更加掌握角色的「角色說明表」，最終再產出用於協商劇場公聽會上的發言稿：

委員好、署長好，各位與會代表大家好，我是根據《人工生殖資料通報及管理辦法》所建立的「人工生殖資料庫」。在我這個資料庫裡，存放著卵子和精子的捐贈者，以及接受捐贈的「夫妻」，這兩對人類他們的健康評估資料。除了這些基本資料之外，我也會記錄他們是採用哪一種人工生殖技術，還有如果成功懷孕的話，胚胎成長過程以及如果baby順利出生之後健康狀況的把關。

不過今天來到這邊，我覺得蠻無奈的：首先，你們有多少人知道我的存在啊？我可是從民國 87 年開始就默默支援著每一對接受人工生殖技術的夫婦欸。你們有想過這件事嗎？！再來，你們人類難道都沒有認真想過，當初為什麼要設計出我嗎？我存放這些資料的目的，並不只是為了達成法規的要求而已──欸拜託，有了我之後，再過快十年，民國 96 年的時候才有管我的法規欸！

　　回到本次公聽會舉辦的目的，從資料庫的角度
來說，這個爭議其實很簡單：先有證據再說話。而
證據的來源 —— 那些資料 —— 不正是存放在我這裡
嗎？目前的通報機制和相關表單格式，對應到我這裡
存放的資料，確實是圍繞著「健康評估」為核心，
甚至是以累積如何治療不孕夫妻的資料為目的在搜
集的。但是！！！現在只能以「夫妻」為個案單位
進行通報，在我這端只要設計新的通報表格和流程，
包含夫夫、妻妻就好了，精卵來源的通報也不會因
此需要太大的變動。

　　如果現在的通報資料並不包含你們想知道的項
目 —— 比如說捐贈者或是接受手術者的主觀感受，
那就增加欄位呀！如果想研究的主題橫跨人工生殖
以外的生活領域，比如說人工生殖產生的 baby 之後
的成長歷程，那就把我和其他資料庫串聯在一起就
好了嘛！比起在這邊一直互丟立場、沒有交集的對
話，我，資料庫認為，你們人類應該好好想想，怎
麼重新設計我所存放的欄位，並且有效利用我二十
年來存的資料！

　　我是人工生殖資料庫，謝謝大家。

　　透過表 3 的安排可見，會有這樣的設計是
因為在協商劇場中可能的對話與討論相當重要，
如果不先廣泛地瞭解生殖科技的技術特性與社會
爭議，而只是專注在角色（行動者）本身，就可
能會出現對其他行動者的理解不足，因而難以與
其對話的狀況，所以我們花了一些時間為學生建
立背景知識。為了增加對話的可能與品質，我們
設計了兩個環節，首先，學生在擬定角色說明表

表 3：課程進度

週次（日期）	當週課程設計	進度目標
W8（2020/11/04）	女性主義科技論	蒐集背景資料，了解生殖科技相關技術背景、社會爭議等。
W9（2020/11/11）	生殖科技研究	完成角色說明表初版，包含：背景介紹、行為準則與利益基礎、立場與目標、主要交流對象、困難點。
W10（2020/11/18）	不上課，改為參觀協商劇場〈塑化劑爭議〉試演。	完成角色說明表。
W11（2020/11/25）	至北美館預演公聽會。	完成公聽會三分鐘發言初稿。
W12（2020/12/02）	在課堂預演公益法人精子銀行籌備會議。	繳交公益精子銀行初步資料。
W12（2020/12/05）	至北美館執行〈治理助孕科技〉。	正式上場。

時，就要設想可能的交流對象；其次，也請學生先試想及模擬在公聽會上面對可能需要交鋒的情境，想像與不同行動者的協商過程。在這樣的過程中發現，由於非人行動者的演出缺乏明確的「範本」，得依賴個別約談與討論，鼓勵學生多從精子、卵子、受精卵的生物特性，以及對「自己」的深入了解，再來設想可能的發言。

　　策展方有提供少許經費讓學生們製作海報、構思服裝，讓表演更豐富，原先也提醒我們可考慮以「西裝」出席來增加協商正式性，但是我們認為應該打破這種以男性為中心的想像與規範，獲得策展人林怡華的支持。

▶ 受精卵發言（畫面中間，臉戴面具者）。（吳軒竹／攝影）

　　11月25日，我們在北美館進行「公聽會」的預演，對正式演出有很大的幫助。在課堂練習時，我們便發現同學們的發言稿可能過於學術、不夠口語，這部分在預演時，已有一些修正，但還需要更精進。此外，之前也提醒學生可以留意真實的立法院公聽會常會呼些口號，或強調感性訴求來提高注意力，因此學生們在預演時也準備了小道具，還設想了口號。像是「卵子」設計「放寬人工生殖、拒絕以卵擊『時』」的看板。而策展人林怡華在預演時給予的專業意見與鼓勵，特別是表演部分，是我們學校老師所不及之處，特別感謝。

　　在預演時，我們也發現學生們交流、討論、辯論踴躍，因此原先只預留了二十分鐘的開放討論時間是不足的，必須保留更多的時間給現場自由討論，故決定延長到三十分鐘，而到了最終正式演出時，因為現場聽眾的參與，又加長到四十

分鐘。像是在預演《人工生殖法》是否開放使用資格時，各個發言人以價值偏好、生命歷程陳述專業意見，公開討論的主軸圍繞在「生殖科技費用過高」、「我們如何想像及評估誰才是適格的家長」，以及「我們要如何將環境因素納入生殖科技的考量範圍」這些論題。

以最後一個論題為例，這個討論是由「照護藍星聯盟」發起，他認為即便我們面臨少子化的困境，但也應該要考量到人口增長對於環境的負擔。一開始「生殖正義」與「環境正義」這兩個價值似乎難以調和、無法對話。但「資料庫」與「諮詢員」提出將碳足跡的資料串聯到生殖資料庫的可能性，並將「生殖科技使用者的排碳量」納入諮詢員判斷使用者是否為「適格家長」的一項條件。這樣的方案可能在現實層面上，有相當大的可行性問題，排碳量是否應該作為判斷適格家長的一項條件，也有待討論。但我們從這些討論中，可以明確看出協商劇場帶來的可能性：「人們可以在現實基礎上，自由地去想像及串聯在實際處境中看似毫不相關的價值與議題，並協商可能的結果。」

另外一個重要場景「精子銀行記者會」則是回到教室排演。老師在排演前提供相關資料請學生思考以下面向，也請學生為記者會發言稿預作準備：

（一）如何增加捐精者的數目：有些國家面臨缺乏捐精者的問題（例如日本），而台灣可能

▲ 由於預演時發現學生們的交流討論熱烈，故重新調整正式演出時的時間分配。（王治平 / 攝影）

因為哪些原因降低捐精者意願？要如何增
加合格的捐精者？公益法人精子銀行可以
提出什麼樣的說詞與行動？

（二）費用：根據政府規定，台灣目前捐贈一次
精子，最高可獲得八千元的補助，而有些
國家的商業精子銀行僅提供不到一百美金
（約三千元台幣）的費用。現行運作的方式
將提供給精子捐贈者的費用，交由使用者
來負擔。請問，公益精子銀行的理念是什
麼？應該要如何設計費用機制？

（三）使用資格的優先順序：在精子銀行庫存有
限的情況，如何根據公益精子銀行的理
念，提出接受捐精的優先順序？要有哪些
準則？

（四）是否公開捐精者的身分：目前我國的法令
採取匿名制，不會公開捐精者身分；若未
來婚配需要確認身分，可以向政府申請
調查。然而，基於健康資訊與孩童權益的
考量，許多其他國家已傾向公開捐精者身
分，讓小孩成年後可知道捐精者資訊；但
也有人擔憂，這樣的制度會降低捐精者的
意願。請問，就公益法人精子銀行的立
場，我們可以提出什麼樣的訴求？

在「精子銀行記者會」排演及臨場討論時，
老師發現有許多精子銀行的技術問題需要先釐
清，也需要進一步解析現行法律規範。有時看

似是價值的辯論（要不要取消捐贈者匿名的措施），其實常常鑲嵌於技術的運作中（管理方式與庫存危機）。儘管老師對此議題已有相當研究，仍可在與學生們的互相討論與發問中，發掘更多值得探究的新資料。這樣的教學相長，彰顯以科技為主題的協商劇場，需要準備的相關知識量龐大，需要師生協力共作。例如，「邀請民眾為公益法人精子銀行命名」的票選活動，就是由師生共同討論出來的場景，用來作為記者會的結尾。各個行動者根據自己倡議的理念提出許多命名想法，並在排演時預演如何讓民眾投票，思索前進北美館的實際做法。學生們興致昂昂地分工做道具設計、修正發言稿。然後，我們前進北美館。

五、最終展演：入戲又敢於挑戰的觀眾

終於到了 12 月 5 日，於北美館正式演出。依照劇本場次，我們將北美館地下一樓的空間分隔為兩個情景（見下圖），分別是「《人工生殖法》修法公聽會」，以及「公益法人精子銀行籌辦會」（請見附件議程說明）。在公聽會場地，行動者將坐在這個 U 型空間之中，觀眾也能如同參與實際上的公聽會一樣，有列席參與的感受。而到了精子銀行籌備討論會階段，則是使用一旁的螺形空間，製造出圓桌討論的氛圍。希望透過這樣的空間安排，製造出不同的空間效果。

（一）《人工生殖法》修法公聽會

在公聽會上，由立法委員、生育及健康署署

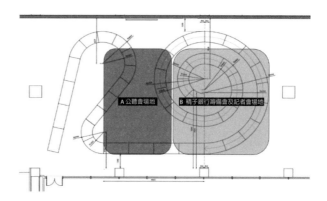

A 公聽會場地　B 精子銀行籌備會及記者會場地

▶〈治理助孕科技〉的場地
安排。（吳嘉苓／提供）

長主持會議，並邀請了十四位相關行動者發言。首先由立委開場、說明公聽會目的及交代議事規則。在各角色發言完畢後，由生健署署長回應。最終開放自由討論，讓行動者，也包含現場聽眾，可以自由地討論與《人工生殖法》相關的任何議題。緊接著在五分鐘的休息時間過後，則是召開「公益法人精子銀行籌備會」。由籌備會總召來設定議題，並引導討論。討論議題包含：增加捐精者數目、營養補貼與使用費、使用資格及優先順序、是否公開捐贈者身分、精子銀行命名。我們開放現場所有行動者與聽眾一同參與投票，決定公益法人精子銀行的命名。最後，在記者會階段由總召統整前述的議題討論，並公布台灣第一間公益法人精子銀行將命名為「養樂多公益法人精子銀行」。

即便在預演中我們已經模擬過公聽會的發言與討論的可能情況，但經過發言稿修改，與現場

氛圍的差異，仍發生不少預想之外的事。像是一名與會觀眾針對跨性別議題提出尖銳提問：「目前的《人工生殖法》，是預設使用者都是順性別異性戀伴侶，那我們要如何將跨性別的使用者也納入考量？」而始於這個提問，行動者與聽眾開始環繞著「如何評估誰才是適格的使用者」進行激烈討論。

扮演諮詢師的同學表示，以他自身的立場而言，如果無論以法規規範、評估使用者是否為適格時，他並不傾向將性別認同納入考量。扮演捍家盟執行長的同學對此想法立刻回應，實際情況中，如果是同性伴侶撫養長大的小孩，比較有可能在校園環境中受到霸凌與歧視，若以單身者使用生殖科技生育為例，等於剝奪了孩童擁有雙親的權利，藉此例強調不能忽視孩童的真實處境。扮演單身女性及跨國生殖的女同志隨即表達看法，認為真正影響孩童處境的是社會環境，而不是這些性少數使用者的撫養能力，如果因為環境的不友善與歧視，而不允許他們使用生殖科技，才是倒因為果。

從這個爭議也可以看出，為了呈現助孕科技議題的多元樣貌，必須將容易被認為是「政治不正確」的聲音與立場納入討論。然而扮演這些行動者的成員，不見得自己本身也認同這樣的立場。例如扮演捍家盟的成員在面臨這些回應與質疑時，他有意識的將角色定位成是「小聯盟」。相較於「宗教大聯盟」，也就是只贊成異性戀一

對一伴侶才能使用生殖科技的基本教義派立場，「小聯盟」是允許多元詮釋宗教經典的「進步派宗教人士」。不僅如此，扮演抱持著保護環境、避免人口過度成長，而對於此議題採取保留態度的守護藍星聯盟，當知道自己被分配到此角色時就驚呼：「我自己就生了三個小孩，要怎麼扮演這個角色！」由此也可以看出參與協商劇場的演出者，不僅要適應一個角色，更可能要與自己原先的價值與理念進行對話。

因此，鑲嵌在實體社會脈絡的虛擬討論，需要一個中介者來平衡協商劇場中可能的爭辯；但在現實社會中，發言聲量清晰有力的宗教團體來到在這個充滿「同溫層」的協商劇場中，就可能得再三妥協自己的立場。

原先我們對於協商劇場的想像，是希望盡量避免「老師們」直接現身於協商劇場。其考量是，老師的現身可能會降低行動者自由抒發己見的意願，從而壓縮到自由討論的空間。但是，一個突

▶ 吳嘉苓老師為不克前來的英國代表「代言」。（吳軒竹／攝影）

發狀況意外讓我們把這個「中介者」巧妙地安插進來：原先擔任英國 HFEA 代表的學生，因為當日突有要事無法到場。但由於當時正值疫情期間，我們覺得扮演外國代表的行動者，以視訊方式呈現也很貼合當時情境，因此請該名代表預錄影片，由我們在現場播放。

沒想到，至北美館進行開演前測試時才發現影片效果並不好，現場協商之下，轉而讓在現場扮演立委助理的吳嘉苓老師代為宣讀英國代表的發言稿。由於這個「小意外」，使老師幾次透過「代言」空缺的英國代表，來稍微導引討論方向，例如以英國或外國案例來說明性少數族群使用生殖科技的可能性，成為平衡討論的中介者。

在公聽會結束後的中場休息時間，有學術界的朋友前來詢問：「這位立委是哪一黨的？」也看到有人正在搜尋「生育及健康署」的網頁，或是想要向那位跨國生殖的女同志媽媽致意。這些回饋與反應都讓我們十分驚訝，即使現場就出現吶喊「人類不給力，卵子要救濟」的卵子、耍酷的精子、哀求的 AA 級受精卵等非人行動者，還是有不少活動參與者以為這是「真的」公聽會。這也顯示同學們的投入，已達到相當的效果。

（二）公益法人精子銀行籌備會

在公益法人精子銀行籌備會，我們則集中討論如何增加捐精者數量，以及是否公開捐贈者身分。雖然在議題設定上，已區分這兩個議題，但

▲ 公益法人精子銀行命名投票，最後以「養樂多」獲得最多點數。（吳軒竹／攝影）

在現場討論中，仍幾乎是兩個議題並置，互相連動；有些同學的現場演出，也呈現出各種行動者需要「連結」，事情才可能成功，這是之前課堂預排沒有出現的情況，是意外驚喜。例如，扮演公益法人精子銀行發起人的同學就發現，資金是重要的事，而「單身女性」則承諾要從科技界的社會企業責任等項目來協助籌募資金，「精子」更是活蹦亂跳地等不及要參與──「連結」如何開展，在協商劇場中逐步呈現。

到了展演最後的命名票選活動，不只學生們（行動者）提出原本在課堂上沒想到的新名字，現場觀眾更是踴躍參與，最後以現場民眾提出的「養樂多」獲得最多點數，命名概念是「希望透過公益法人精子銀行，讓更多人實踐生育的期待」。當天活動於下午五時準時結束，我們則請學生留在現場，多利用一些時間跟參與觀眾繼續交流。

六、老師說：如果重來一次⋯⋯

協商劇場作為教學法，能栽培同學如何跟公眾溝通、發展結盟的策略、深入揣摩行動者，要能設想行動的創意，要有充分的知識基礎，也要能夠訴諸語言與情感；要言之成理，也要打動人心，還要善於結盟（或是搞破壞），這實在是大多數以閱讀、討論、寫作為主的課堂無法達到的。[3]即使參與這門課的學生已有不少人常參與公眾事務，進行各種組織行動，但這樣的訓練還是帶領大家去到又政治又奇想的新境地。

3　感謝北美館與 STS 學會，給予年輕世代如此多層次的資源，擴展參與社會需要的多樣能力。

　　治理助孕科技，目前仍是個方興未艾的議題，如果有機會再來一次協商，我們可能會安排更多反對同志與單身使用助孕科技的行動者以強化辯論的張力，也可以更強化「結盟」過程，例如，不只是讓學生思考如果想壯大精子銀行這個社會技術網絡，必須經過哪些說服、納入、轉化的過程，也需要在表演形式上，讓冷凍庫、資金、時間、未來父母、精子、卵子、CEO、立委等角色建立異質連結感。奔放一點，也許可以參考BTS在DNA最末那段連結滾動的編舞……

　　離開教室，來到北美館，STS渴望奇想。

（本文作者陳韋宏為國立臺灣大學社會學系博士生、
吳嘉苓為國立臺灣大學社會學系教授）

▲ 演出後大合照。（王治平／攝影）

學生回饋1

參與協商劇場是很有趣的實作經驗。演出前有許多準備工作,包括閱讀相關文獻、身體工作坊、撰寫公聽會發言稿與排練劇場。老師在課堂討論時,讓大家瞭解科技與社會的分析觀點,也激盪出對人工生殖議題的想法。在許多科技爭議的案例中,科技不是全然的好或者是壞,要看人如何使用與詮釋。此外,對稱觀點也十分重要,有些行動者在主流論述中比較弱勢、難以被看見,STS的視角試圖讓這些行動者被重視,探討人與物如何共構網絡並產生行動。還有像是如何以關係性的方式思考人口(population),世界的人口增長不一定只有負面影響,人口增長可能帶來創新,以及更積極愛護地球的可能性。這些觀點都啓發我們構想行動者的立場,揣摩這些利害關係人會如何思考人工生殖科技與人口的議題。

除了思考行動者的立場之外,行動者如何表達意見也很重要。在身體工作坊,窮劇團鄭尹真老師帶領大家感受肢體動作、進行發聲練習,使用聲音呈現不同的情緒變化。工作坊的練習幫助我們意識到表達時的姿態與情感。我覺得協商劇場的特別之處在於演出的開放性與機遇性(contingency)。協商劇場沒有固定的腳本與台詞,呈現開放的結局,不同角色可能在排練過程中發展出新的關係。像是我扮演單身女強人王淑芬,跟單身會會長峰瑞逐漸產生結盟關係,一同思考單身者的處境。峰瑞想出很棒的標語「我單身,我想生」,我也借用了他的看板。另外,在替新成立的精子銀行命名時,現場觀眾提出「養樂多」這個名字,大受好評,這也是之前在課堂上大家沒有想到過的點子。

這次的經驗讓我聯想到STS的making and doing,用多元的方式生產與傳播知識。一方面,參與者透過展演改變觀眾對於事情的看法,挑戰主流圖像(dominant images)。協商劇場不僅呈現出多元的聲音,也讓觀眾有機會思考另類的可能性。參與者本身也會產生改變,像是改變我對凍卵的看法。我以前模糊地想像凍卵可以替女性爭取生育的時間,閱讀一些資料後,才稍意識到凍卵有許多健康風險與經費開銷。策展人林怡華在正式演出前鼓勵大家:「你們可能對演出感覺很緊張,不過這也是特別的場合,你們以那個角色的身分發表意見,讓這些意見可以被看見、被聽到。」則讓我感受到這場演出不只是展演,也是一種政治行動,讓大家關注與思考《人工生殖法》的未來方向。

(王安琪／當時為臺大社會所博士生,現為中研院社會所博士後研究員)

附件 1 《人工生殖法》修法公聽會議程（模擬）

時間：109 年 12 月 5 日（星期六）下午 14:00 至 15:45

地點：台北美術館 D 展場

主辦單位：立法委員陳韋宏辦公室

協辦單位：衛生福利部生育及健康署

公聽會說明：

因應同性婚姻通過，本辦擬提出修訂《人工生殖法》中的資格使用限制，開放同性伴侶及單身民眾得以使用生殖科技，完善生育權利。然具體而言應如何修訂、修訂後是否會產生更為廣泛之社會影響與衝擊，仍有待蒐集各方意見，納入修法之考量。故本辦召開本次公聽會，邀請各方相關社會團體、專家學者、政府機關、非人行動者，一同來參與討論，研擬相對適切之修法版本。而關涉本法若有其他重要議題，也歡迎各界提出討論。

議程：

14:00-14:05 陳韋宏委員說明本次公聽會目的、交代議事規則

14:05-15:00 各代表發言陳詞

15:00-15:05 衛福部生育及健康署高珮瓊署長回應

15:05-15:35 開放討論

15:35-15:40 陳韋宏委員總結

15:40-15:45 請與會者移動至精子銀行籌備會會場

出席單位：

單身生育權益促進會會長許峰瑞、照護藍星聯盟總執行長溫敬和、福爾摩沙生殖醫學會會長陳廷彥、台灣宗教團體捍衛家庭小聯盟理事長劉基甸、同志權益樂活聯盟會長曾想生 Tseng Johnson、王淑芬、蔡阿信紀念醫院生殖中心諮詢師高睿、Joan、卵子、公益法人精子銀行籌備會總召劉亞綸、精子、受精卵、人工生殖資料庫、英國 HFEA 代表山姆‧彼得‧羅賓斯

附件 2 公益法人精子銀行籌備會 & 記者會議程（模擬）

時間：109 年 12 月 5 日（星期六）下午 15:45 至 17:00

地點：台北美術館 D 展場

主辦單位：公益法人精子銀行籌備會

協辦單位：立法委員陳韋宏辦公室

籌備會說明：

台灣於 2007 年通過《人工生殖法》，其中第六條規定，除了醫療機構之外，公益法人經由申請，亦可以接受精子捐贈、儲存與提供的服務，亦即俗稱的精子銀行。然而，實施至今，台灣目前並沒有成立任何一家公益法人精子銀行。眼見《人工生殖法》極可能放寬使用資格，也納入單身女性與女同志。這些新興的使用者，都需要捐贈的精子，來達成生育子女的理想。有鑑於此，我們籌備公益法人精子銀行，並廣徵意見，招募同好。包括如何增加捐贈者的數目，費用制定的原則，使用資格的優先順序，以及是否要改變現階段捐贈者匿名的措施等等，希望在籌備階段可以充分討論。在討論會之後，將召開記者會，說明我們成立的宗旨目標以及特色，並歡迎大家提供意見，以便讓我們的設置更加完善。

議程：

15:45-15:50 籌備會總召劉亞綸與立委陳韋宏報告捐贈精子現行措施，以及籌備會討論項目。

15:50-16:20 議題討論：如何增加捐贈者的數目，費用制定的原則，使用資格的優先順序，以及是否要改變現階段捐贈者匿名的措施。

16:20-16:30 精子銀行命名提案

16:30-16:40 開放民眾票選公益法人精子銀行名稱

16:40-17:00 記者會

Q

協商劇場是否也可用在國、高中教學？

　　澎湖馬公國中的葉念祖老師活用協商劇場的元素，在八年級「表演藝術」一學期的課程，讓學生們針對自選的三大公共議題——同婚、統獨與遠距教學等等，以表演的形式來進行議題討論，學生們還爲此特別設計了「書包」、「電腦」等非人行動者。這個來自教學現場的回饋，顯示協商劇場作爲創意教學的資源，仰賴第一線老師的設計與改造，這位國中老師的巧思值得學習。

　　由此可見，只要是涉及公共議題的協商（如何防治性騷擾？青年低薪要怎麼改善？），都可以藉由老師跟學生共同討論、決定出適合協商的具體場景（學生議會、里民大會、勞資談判現場、與總統候選人會談），進而一起商量處理此議題涉及的角色——任何社會議題都會有人與非人行動者，並且深入盤點議題，就可能設計出符合不同學生族群之課程主題的協商劇場。（吳嘉苓）

重回塑化劑食品事件：協商劇場與「換位思考」的教與學

陳信行、林宜平、鄒宗晏

一、議題／背景：**2010** 年代的食安醜聞與政治

工業社會的食品安全事件，和環境污染與職業災害一樣，是人體不當暴露於危害物質之下，而造成（或很可能造成）健康危害。但是，由於被「摻偽假冒」的食品販售到市場上流通，可能承受健康風險的是更廣大的消費大眾，因此，食安問題一旦成爲醜聞，常會受到遠比污染、職災還更廣泛的大眾矚目，甚至導致重要的政治變遷。1905 年美國記者 Upton Sinclair 揭發芝加哥肉品加工廠的職災／食安醜聞所引起的一系列被後世美國史稱爲「進步年代」的政治改革，就是一個重要的歷史案例。

2008 年爆發於中國大陸的奶製品被摻入三聚氰胺，造成嚴重傷亡的新聞傳至台灣，當時台灣主流輿論多半還認爲這起事件暴露的是對岸政府與市場治理體制的缺陷。然而，從 2011 年台灣的「塑化劑案」開始，重大食安事件在之後數年以每年至少一件的頻率一再爆發，到 2014 年，

連台灣最大的食品集團之一、政商關係綿密的頂新集團都被捲入劣質食用油醜聞，這一系列的震撼，加上其他馬英九執政的國民黨政府所引發的社會爭議與抗爭，是 2016 年大選時，國民黨敗選的關鍵背景。

每一起食安新聞，都牽涉到化學物質、食品工業技術、資本的運作、面對風險的人體、檢驗科學，以及資本、政府管制、立法、司法，乃至媒體輿論等社會過程，在彼此拮抗與合作中，構造出一個社會矚目的案件。這樣的課題，對於 STS 取向的協商劇場，可以提供豐富的素材。

在 2011 年以來諸多本土食安事件中，世新大學社會發展研究所與國立陽明大學（現國立陽明交通大學）科技與社會研究所的團隊共同選擇了 2011 年的塑化劑案作為呈現的主題，首要考慮是計畫主持人之一鄒宗晏的碩士論文已經梳理過該案的許多管制科學與社會的問題，清楚其來龍去脈。其次，這個案子的所有法律訴訟都已定讞，可以用回顧的眼光來審視。最重要的是，這個案件具有足夠的曖昧空間，能容許學生／演員／觀眾在呈現與討論時換位思考。

首先，與 2013 年的「大統長基銅葉綠素案」和 2014 年的「頂新集團劣油案」不同，塑化劑案的「始作俑者」是兩家典型「黑手頭家」小企業，最後被判刑的也是昱伸與賓漢這兩家小型食品添加物公司的老闆、老闆娘、合夥人等負責人。這樣的角色在當代台灣社會中，比較不會是大眾

妒恨的對象，相反地，如果不是最終結果危害了消費者健康，從實務中學技術的「黑手頭家」往往會被視爲草根英雄。

其次，把 DEHP（鄰苯二甲酸二酯，2- 乙基己基酯，di-2-ethylhexyl phthalate）和 DINP（鄰苯二甲酸二異壬酯，di-isononyl phthalate）兩種工業用塑化劑當作起雲劑加入食品中，固然是非法的，科學界也持續探究長期接觸 DEHP 可導致人體健康危害的風險，但是關於其健康危害的研究發現是否已經足夠具體、確定？無論在案發的 2011 年，還是台北雙年展協商劇場演出的 2020 年，都是處於爭議狀態。

第三，最重要的是，2011 年案發當時的司法判決曾經引起嚴重的輿論批評。作爲「受害者兼加害者」的下游廠商統一企業，向昱伸和賓漢兩家公司求償，「獲判賠」一億三千多萬元；但消基會代理五百六十一位消費者，向兩家公司及其三十一家下游廠商提起民事團體訴訟，求償七十八億七千萬元，一審只判給全體原告一百二十萬元賠償，其中最低的一位只判賠九元（全案 2018 年三審定讞，法院也僅判廠商賠償消費者三百九十五萬元）。大衆對判決結果的不滿，直接促成了立法院在 2011 年之後幾年內異常頻繁地修訂《食品安全衛生管理法》，以修正食品安全法制。而之後的食安訴訟中，法院出現較爲進步的實務見解，如強調「身體權」作爲憲法保障基本人權等。

　　所以，在 2020 年回看 2011 年案發時的塑化
劑案，呈現出來的會是一個曖昧狀態：其中的加
害者未必非常可惡、受害者承受的損害也未必清
楚，行政管制、科學與司法的權威在當時都各有
其困窘之處。換句話說，協商劇場可以詮釋劇情
的空間夠大。

二、教學安排：陽明「科技與社會導論」
　　 vs.世新「科技與社會研究（下）」

　　「科技與社會導論」為國立陽明大學科技與
社會研究所（以下稱陽明科社所）第一學年必修課
程。課程以一學期的時間系統性地介紹 STS 研
究領域的歷史系譜、知識成果和最新發展，提供
學生 STS 研究的入門地圖。由於該課程已有沿
用多年的固定課程大綱，無法作大幅變動，所以
協商劇場有關的討論主要穿插於學期中後半段，
讓學生可以在對 STS 知識傳統有基礎的瞭解並
建立 STS 知識地景，從而進入關於 ANT、科技
爭議與協商劇場的討論，透過協商劇場結合 STS
領域近年來正在發展的參與式 STS 計畫 —— STS
Making and Doing。

　　世新大學社會發展研究所（以下稱世新社發所）
的陳信行、陳政亮兩位 STS 教師，從十餘年前課
程重新規劃時就安排了「科技與社會研究（上）、
（下）」兩門碩士班選修課。原則上，「科技與
社會研究（上）」是概論，完整地介紹 STS 領域
的知識地景，讓學生在期末作業時再切入自己有

興趣的專題;「科技與社會研究（下）」則是專題研究，每次開課都視當時的時空狀況與師生興趣選擇一個專題切入，之後再開展到理論地景。這個課程設計的邏輯使得世新社發所的開課安排，得以配合這次協商劇場計畫。

（一）陽明的課程安排

陽明科社所在 2020 年 8 月的迎新讀書會，配合台北雙年展的主題，選擇拉圖的《面對蓋婭：新氣候體制八講》為讀書會讀本，按照章節依序討論拉圖對自然、蓋婭、人類世、宗教、國家與領土的觀點。接著於 2020 年秋季開課的「科技與社會導論」則提供學生相關的 STS 理論知識基礎，一學期的課程除了行動者網絡理論，也包含科學知識社會學、技術社會建構論、社會世界理論、公民參與科技、後殖民科技研究與 STS Making and Doing 等由 1960 年至今的歷史傳承、文獻與近期發展，以 STS 知識地圖協助標定協商劇場的知識定位，以及其他科技與社會研究取徑能夠如何豐富此公眾參與計畫。

在課程安排上，則以台灣塑化劑爭議相關讀本銜接技術的社會建構論與行動者網絡理論，凸顯出不同理論觀點對台灣當代科技爭議的詮釋差異。課堂中，除了討論關鍵技術物塑化起雲劑的內容組成，以及圍繞含有塑化起雲劑的果汁飲料之產品特色、生產銷售鏈結、飲料香料關聯技術團體、技術風格，同時帶入與本次協商劇場關係密切的「物的議會」（Parliament of Things）。[1] 透

過介紹荷蘭的實作案例（物的議會、北海大使館等），在課堂中討論塑化劑案例在協商劇場中可能的操作方式，以及身為協商劇場的參與者，該如何中介代言食安事件中的行動者。

科社所的學生在本場次協商劇場中代表非人行動者（起雲劑、棕櫚油、DEHP、DINP）參與協商，除了在課堂中討論物的議會及如何代言非人行動者，學生們也利用課餘時間蒐集非人行動者的資料並討論角色說明書。相較於判決書裡羅列的人物（例如法官、檢察官、原告與被告律師、毒理學家和食藥署官員），非人行動者僅僅在塑化起雲劑製造商或毒理學家出庭作證時，因相關人物為其短暫代言而現身。大部分時間，非人行動者都只能沉默不語，無法對它們自己在整起事件中的處境發表意見。為了能夠更接近這些非人行動者，學生們除了閱讀判決書和探究塑化劑事件的碩士論文，也整理閱讀塑化劑和食品添加劑有關的科學報告及研究論文，透過討論逐步形成對各自所代言角色的立場。

綜言之，此課程對於 STS 理論知識的討論，提供參與學生認識台灣塑化劑事件、行動者網絡理論和協商劇場的機會，同時讓學生透過不同理論（例如技術的社會建構論）去瞭解不同 STS 研究取徑，能夠對瞭解台灣塑化劑事件提供什麼樣的貢獻。在北美館的協商劇場演出後，除了學生需撰寫參與劇場和雙年展的心得，也和學生討論近年正在發展當中的 STS Making and Doing，

並讓學生對比自身參與協商劇場的經驗與 STS Making and Doing 中的實作案例，幫助學生在眾多參與式 STS 計畫中定位協商劇場。

（二）世新的課程安排：從判決書到角色表

　　世新社發所的課程安排是從 2011 年塑化劑案的判決書解讀開始。在第一週的課程介紹、案情簡介與閱讀判決書注意事項的介紹後，每位修課與旁聽的學生各自認領一份判決書，從「司法院判決書查詢系統」下載後，開始解讀、報告。

　　該案前後經歷兩個刑事訴訟：彰化與新北地檢署檢察官分別起訴彰化昱伸與新北賓漢兩家食品材料公司共五名負責人，以及兩個民事訴訟：分別是統一企業向昱伸公司負責人提起刑事附帶民事求償，以及消費者文教基金會代表五百餘位消費者向賓漢、昱伸及販售含其「塑化起雲劑」的三十家食品公司求償。兩個刑事案都經歷了地方法院到最高法院三級審判。統一企業的民事求償在台灣高等法院台中分院判決後無人上訴，只有一審；消基會提起的求償訴訟則同樣經歷了三審，2018 年最高法院判決定讞。四個訴訟總計有十份判決書。[1] 判決書固然只是塑化劑案所留下來的歷史材料一角，其他由行政、監察等政府部門和新聞報導與學界分析更多，但是藉由閱讀一般大眾不熟悉的公文文類並在班上一起討論，或許可以更好地理解 STS 實驗室研究傳統裡的「文書技術」這個概念。[2]

1　十份判決書字號分別是：（賓漢刑事一審）台灣新北地方法院 100 年矚易字第 1 號刑事判決、（賓漢刑事二審）台灣高等法院 100 年矚上訴字第 4 號刑事判決、（賓漢刑事三審）最高法院 102 年台上字第 4363 號刑事判決；（昱伸刑事一審）台灣彰化地方法院 100 年矚易字第 1 號、（昱伸刑事二審）台灣高等法院台中分院 101 年矚上易字第 295 號刑事判決、（昱伸刑事三審）最高法院 101 年台上字第 6588 號刑事判決；（統一企業民事一審）台灣高等法院台中分院 101 年重訴字第 20 號民事判決；（消基會民事一審）台灣新北地方法院 101 年度重消字第 1 號民事判決、（消基會民事二審）台灣高等法院 103 年消上字第 1 號民事判決、（消基會民事三審）最高法院 106 年台上字第 1827 號民事判決。

　　閱讀判決書的重點不僅僅是「法普」（法律普及教育），在共同產製協商劇場「角色說明書」與腳本、準備展演的前提下，每位同學被要求從自己分配到的判決書中總結出關鍵的人與非人角色，以及各個角色的主要論點。當然，這些角色與論點在各判決書中是重疊的，可以藉由課堂討論來彙整歸納角色和論點。經過一、兩週的討論，大致歸納出重要角色與論點後，全班才開始共筆撰寫「角色說明書」，嘗試把實際歷史裡複雜的各種角色、情節與論點，化約爲可以用來討論事理的有限角色與情節。

　　整體來說，在上場表演前，世新的「科技與社會研究（下）」課程氣氛非常像工作會議，參與者在試圖協力完成演出任務的前提下，有目標地分工互助來迅速理解並歸納議題與材料。而在正式演出後到學期末的四週上課時間，則用來閱讀拉圖與 ANT、社會建構論、孔恩的典範說、社會世界理論等常見 STS 理論框架的經典作品，讓學生從自己參與製作演出的個案推展到對整體學科概貌的認識。

▲ 上爲列印出的判決書，下爲在其上標示出科學證人及其論點。（陳信行／提供）

三、兩校合班上課、分工發展出一齣戲

　　2020 年 11 月 10 日，大約在正式演出前四週，陽明與世新兩個班級相約在臺大公衛學院合班上課，讓雙方師生互相認識，也邀請資深社區劇場工作者陳淑慧到場參與討論。在大致交換意

▲ 用便利貼彙整每位同學歸納出的角色與論點。（陳信行／提供）

見後，原則上決定由世新的學生扮演「人」、陽明的學生扮演「非人」的角色，把角色合併後共筆產製了表1「塑化劑案角色說明書」（見次頁）。除了角色，我們也討論了場景安排，發現拉圖原本「角色自述→互相協商→發表協商結果」的安排不太適用本劇場，我們需要的是「案發當時與之後的爭議」、「爭議平息後的回顧」和「角色與觀眾互動」這三個場景，因此需要一個脫出角色之外的串場者，用肢體和語言標示不同情境，我們依論壇劇場傳統稱之為「Joker」。

四、在北美館的排演，與「協商劇場」協商

11月18日，協商劇場第一場上演前十天，台北雙年展為協商劇場計畫安排的場地終於布置完成，我們兩校一起到北美館試排練，這是我們第一次與演出空間與裝置互動。預演後大家的感受固然興奮，但也發現幾個必須處理的問題。

首先是場地裝置的物理限制。一是北美館地下室的場地尺度，對於僅有十幾人的演出太大了，必須設計走位才能充分與作為裝置主體的橘紅色螺旋形桌子／凳子劃出來的空間充分互動；二是場地沒有明顯區隔觀眾區與表演區，所以表演者可能必須穿著統一的、與去美術館看展的大眾清楚有別的戲服。針對第一個問題，我們試著在演出場地走位了幾次，但還不能在當場決定如何調整，回到課堂中反覆討論後，才在12月7日、正式演出前五天的彩排中定案。而演出服

表 1：塑化劑案角色說明書

角色	主要立場	角色原型說明
「始作俑者」廠商：昱賓香料	1. 我們只是勤儉打拚、白手起家，從工作中學經驗的黑手頭家。賣出去的起雲劑配方是跟之前的日本師傅學來的，這麼多年來也都沒事。 2. 政府沒有明確宣導讓我們知道這對人體健康有害。後來把一切都怪罪到我們身上，是不公平的。 3. 我們的客戶那些大公司，自己有實驗室，也懂得檢驗。這麼多年來都沒有跟我們說我們的產品有問題，他們難道不用負責任？	昱伸、賓漢二公司被判刑的老闆與老闆娘
「受害兼加害」廠商：金統一食品集團	1. 消費者怪罪我們，但是我們也是受害者。我們買的起雲劑都有驗證標章，哪知道裡面會含有有害物質？ 2. 我們因商譽受損而產生的經濟損失非常巨大。 3. DEHP 等塑化劑究竟對人體是否產生危害，得看科學證據。首先就是看看攝取劑量多少？根據衛生署的衛教手冊，消費者攝取這麼少的量，其實很快就會排出，不太可能有健康危害。 4. 我們為什麼要在飲料裡加起雲劑，還不是因為台灣消費者偏好混濁的果汁、認為這樣才營養豐富？我們是被動回應消費者需求。	統一、金車等公司在民事訴訟中的辯護
檢察官	1. 根據歷年修改的《食品安全衛生法》，不管是否能夠證明確實造成具體的人體健康危害，在食品裡摻偽就是重罪。 2. 毒理學專家根據既有的有限科學證據推論：DEHP 等物質在樣品中的濃度已經超出推論會有危害的濃度，對兒童來說甚至是安全量的三倍。	參考綜合彰化地檢署與新北地檢署的起訴主張，以及《臺灣彰化地方檢察署偵查實錄民生犯罪篇：食安三部曲》[3]

角色	主要立場	角色原型說明
法官	1. 本來「法官不語」，我們是不應該在判決後再回去多解釋自己已經寫在判決書裡的理由，而且司法院 106 年法官會議也統一見解了。但是我們自己也是可能會受害的消費者，還是值得以這個身分來跟大家討論。（虛構對話的情境） 2. 昱伸、賓漢等公司在食品添加物裡面加塑化劑，已經觸犯刑法，公司應罰款、負責人應判刑。 3. 統一企業向昱伸要求賠償其經濟損失有理。統一索賠的各種項目中，總額一億三千萬左右的項目單據清楚，昱伸應予賠償。 4. 統一等公司最後賣給消費者的產品是摻偽劣貨，應賠償。但消基會沒有證明確實造成人體健康損害，求償不應該無限上綱。三百九十五萬的賠償就足夠了。 5. 法律的安定性、司法的延續性是司法體系的重要價值，不能因為塑化劑案「前所未有」就採用和以前的判決邏輯差異太大的論理方式。	綜合兩個民事、兩個刑事案共十個判決書的見解
消基會	1. 我的當事人也不知道自己什麼時候吃了多少塑化劑，但是他們花錢買這些健康食品是想要更健康，竟然得面對生殖系統危害，這顯然很不公平。 2. 宣稱產品有益健康的大品牌廠商，自己應該有產品安全檢驗的科學能力，不能一味宣稱自己只是被供應商蒙蔽。	參考消基會訴訟的原告主張
消費者的身體	1. DEHP 與 DINP 的生殖毒性對於女性身體的危害長期被忽視。 2. 2005 至 2006 年成大微量毒物研究中心發現，台灣孕婦體內的 DEHP 濃度是美國的十至十三倍。 3. 九年前的訴訟一直把健康拿出來說嘴，但是在法庭上身體是隱形的、完全沒有聲音的，只能透過代言者來發聲。但是代言者是否真正關心或站在身體的立場上發言呢？	由「非人」角色來「申冤」

角色	主要立場	角色原型說明
衛福部 食藥署	1. 消費者吃的塑化劑多半很快會排出人體之外，造成健康危害的機會不大。 2. （衛生署）DEHP 是工業用化學物質，為什麼會跑到食品中，是環保署特用化學品管制成效不彰。	參考衛生署衛教手冊及監察院糾正案調查報告[4][5]
公衛學者	1. 國家衛生研究院等研究顯示，塑化劑對孕婦、兒童、少年的生殖危害大（會提高男童雌性化或生殖器畸形，生殖器官變短，對女童造成性早熟等風險）。 2. DEHP 在人類流行病學的研究結果，已可獲致為環境荷爾蒙，會干擾人體內分泌正常機制，而具有生殖毒性之結論。就 DINP 而言，通常是用於鞋底、兒童玩具、建築材料等，在動物實驗上口服 DINP 會造成體重減輕、肝、腎的重量變化、腎的構造及肝臟生理功能改變等與口服 DEHP 相同的毒理反應。 3. 2020 年 9 月在市售保健魚油中又測得塑化劑，大家看看在這十年來政府的管制措施有什麼改變？塑化劑健康危害的流行病學研究又有多少進展？這些都值得憂心。 4. 塑化劑無所不在，一個動物實驗就要花五十萬美元了，政府需要給我們更多時間與支持，企業也需要發揮社會責任來支持這些研究，我們才能得出結論。	參考當時常接受媒體採訪的林杰樑、顏宗海兩位醫師，以及賓漢案檢方專家證人李俊璋、王淑麗。
棕櫚油 （食品界代表）	1. 起雲劑裡的添加物之一，後來被塑化劑（DEHP/DINP）取代。 2. 天然植物製作，但成本高，保存期限短。	「非人」角色
起雲劑 （食品界代表）	1. 合法的食品添加物。 2. 具有讓透明物體變成混濁狀態的能力。 3. 常隱身於濃縮果汁或運動飲料中。 4. 2011 年：黑心塑化起雲劑。	「非人」角色

角色	主要立場	角色原型說明
DEHP （工業界代表）	擁有軟化塑膠的特性，常見於醫療器材、信用卡等。 過高劑量會引發動物身體病變，擔心對人體是否有影響？ 日常生活已有微量存在。 對於管制 DEHP 的寬度、污名，是否應重啓討論？	「非人」角色
DINP （工業界代表）	用於塑膠加工的塑化劑，較 DEHP 穩定，不易揮發。 在塑化劑事件裡，DINP 是用來取代 DEHP，事件爆發後和 DEHP 都被列爲第一類毒性化學物質。 DINP 的毒性比 DEHP 低。	取自最高法院102 年台上字第4363 號刑事判決，被告王粉辯護律師的話語，爲「非人」角色
Joker	協助劇情轉場；解釋情節	從論壇劇場的慣例而來

裝則在場勘時即決定全體演員都穿白襯衫、黑長褲，戴統一顏色的口罩，手持統一顏色的文件夾。角色之間則用最簡單的服裝配件來區別。

其次的問題是與拉圖原本規劃的戲劇形式之間如何協商。拉圖因應巴黎全球氣候變遷會議的協商劇場原設計是把道具、服裝、動作等戲劇元素都極簡化，刪除燈光、配樂、帷幕等元素，以便讓整體氣氛更趨近於真正的外交協商，把戲劇的焦點集中在演員的對話。然而，台灣社會運動在過去三十年的街頭抗爭中，最常見的「行動劇」通常大量使用道具、服裝、動作，以求在短時間內強力完成戲劇表現，台詞反而是次要的。肢體

動作開發，也是台灣小劇場常見的基礎訓練。

　　所以，我們在北美館場勘時，學生就著手用現場道具來做「人體雕塑」。在彩排時，Joker和「人的身體」也用鼓點和敲鑼來標示場景分別或劇情轉折，但是，策展人發現這樣的表現「太搶戲」，會分散觀眾對於演員對話的注意力。服裝設計的拿捏也有同樣的問題。「高調」的扮裝會搶戲，但太「低調」的服裝差異（例如每位演員只別名牌來識別角色），又會使演員難以進入角色。如何在表現方法上與協商劇場協商，成為一系列具體的問題，需要進一步討論嘗試。

◀ 場勘時嘗試以較為強烈的肢體動作來表現。（陳信行／提供）

五、刪掉「協商」與「共識」，改為「當時」　與「現在」

　　最後，我們為本場展演定名為〈塑化劑爭議〉，與拉圖原本協商劇場的設想偏離最多的，就是刪掉了「協商」與「共識」的部分。從合班上課、場勘和彩排以來，兩班師生密集地討論、嘗試生產出符合我們從文獻中歸納出來的各個角色及其歷史邏輯的劇情，以產出「場景行程表」。

　　拉圖所提供的原型中，各個角色自我表述、建立起全劇人物（與「非人」角色）之間的初始關係後，應該進入相對自由的「協商」、「結盟」，最後產生一個或數個「共識」。這個類似議會黨團或國際條約協商的過程，要落實到有真實歷史為原型的塑化劑案中，顯得窒礙難行。2011 年塑化劑案爆發，各個利害關係人（角色）之間即使有協商、結盟，也是隱而不顯的，雖然台灣食安法律與管制體制的改革與演化持續在進行中，但這個案子在三審定讞後，幾乎就是塵埃落定。真正發生顯著進展的，並不是在本案，而是在此案後發生的其他食安風暴案例中。因此，我們決定放棄「協商」與「共識」的情節，而改為「當時」（以法庭的型態呈現案發後各方的立場）、「現在」（從 2020 年回看九年前發生的事，各個分別有哪些希望改變的地方）、「討論」（各個角色與現場觀眾互動討論）。最後形成的，就是表 2 的「場景行程表」。

表 2：場景行程表

時間	場景順序	目標	場所	產出	角色
14:00-15:20「當時」	模擬法庭上，各角色分別陳述立場。	呈現當年的判決等決定如何面對由「該做而未做的科學」而來的科學不確定性。	角色「法官」坐在「主位」，顯示其當時身為「最終裁判者」的地位。	羅列有理由可重啟的爭議議題。	參見表1：塑化劑案角色說明書
15:21-15:30轉場	Joker 出來宣布「移形換位」：在這個「結界」中，過去的案子可以重新被檢視；我們換成「沒有最高裁判者」的協商型態來試試。	把議論的型態從「法庭」變為「協商」。	大廳	從「法庭式」座位區移動到「協商式」座位區。	由 Joker 帶領，其他角色配合走位。
15:31-16:20「現在」	事件發生九年後的回顧。	各角色陳述事件發生九年後，所有法律程序都已結束後的感想。	大廳的「漩渦區」	圓形的漩渦座位區中，每個角色是平等的。	全體角色
16:21-17:00	Q&A	與現場觀眾互動	「漩渦區」的一邊	全體角色到同一邊，共同面對觀眾。	全體角色

六、矛盾與啓發

（一）思考協商劇場與現代劇場傳統的關係

參與演出的世新社發所學生在排練期間提出一個頗值得思考的問題：「在各種當代戲劇理論中，協商劇場的位置在哪裡？」會有這個問題，最重要的參照點，是布萊希特（Bertolt Brecht）的戲劇理論。一〇至二〇年代興起的德國左翼戲劇家布萊希特主張：「進步的戲劇應該促進觀眾思考現實問題，而不是讓觀眾『移情』沉溺於劇情而逃避現實。」他主張應該採取各種「疏離」、「間隔」手法不斷提醒觀眾「這是一齣戲」，而不是如西方主流戲劇傳統一樣，追求「入戲」。布萊希特的理論直接影響到巴西戲劇家波瓦（Augusto Boal）的「被壓迫者劇場」和亞洲各地的「民眾劇場」。台灣過去三十年間，從 1980 年代的小劇場運動，如 1988 年蘭嶼「驅逐核電惡靈」的街頭行動劇，乃至社區劇場、論壇劇場、證言劇場等嘗試結合劇場與草根社會運動的戲劇運動，多半遵循布萊希特傳統。相較之下，協商劇場首先要追求的，也是在本劇中扮演各個角色的學生從閱讀各種法律、科學與 STS 材料中試圖達到的，恰好就是「入戲」──將自己化爲所扮演的角色／代言人。協商、辯論等情節也必須以入戲爲前提。那麼，這會是一種與布萊希特傳統不一樣的戲劇嗎？

到目前爲止，追問這個問題或許還言之過早。布萊希特之所以反對入戲，是由於專業的戲

劇製作確實會有足夠的吸睛能力讓觀眾「移情」，但在頂多一個學期的有限時間內發展、排練、演出的協商劇場，其實很難有這麼有效的表演。但是，在北美館的第四場談核廢料的協商劇場場次中，確實就有觀眾熱情眞誠地投入爭辯中，開始移情了。未來參照協商劇場經驗的課程和演出，勢必需要在過程中與二十世紀以來的戲劇理論有較深思熟慮的對話。

（二）協商劇場的內部挑戰

在排練、演出、檢討的過程，參與學生提出來的一系列質問，以及圍繞這質問的討論，很有意思地與 STS 領域傳統上對 ANT 的理論批評高度重疊。可以說，在操練表演拉圖植基於 ANT 的協商劇場過程中，參與者不知不覺地把書上原本看來抽象的 STS 理論具象化了，從而也更容易有地放矢地提出有意義的挑戰。

「我一定要跟誰結盟嗎？」

從《實驗室生活》（Latour and Woolgar，1979）到 1980 年代 ANT 理論正式問世以來，「結盟」就是拉圖筆下的各種人與非人角色幾乎一定會做的事。結盟成功者，就會成爲網絡中其他角色必須通過的節點（obligatory point of passage）。爲了使得這種協商結盟過程顯得動態（而非「結構決定」），人與非人角色常被描述爲具有高度主觀能動性（agency）。

然而，誠如本劇發展過程中參與者所發現的，在回顧一段真實歷史時，要想像這些被判刑定讞的人、索賠訴訟已定案的企業、已被嚴厲禁止的化學物質等等，還具有改變其命運的能動性，實在有點困難。這就是為什麼我們把「協商」、「達成共識」等結盟情節代換為「當時」與「現在」，僅僅試圖重啟討論的可能性。

整齣戲中，成功「結盟」的角色，只有DEHP、DINP、棕櫚油、起雲劑等四個物質。他們提出「食品歸食品」、「塑膠歸塑膠」的口號，試圖把化學物質在案件中被賦予的污名歸因於人類角色的濫用，而不是物質本身的性質。諷刺的是，最孤單的或許是「人的身體」這個「非人角色」：它不斷在爭論中被科學、管制單位與民刑事訴訟各方「代表」、「再現」（而這些角色自己也有身體），但邏輯上我們實在想不出這個角色要如何取得主觀能動性去與其他角色結盟。

▶「人的身體」其實也是一種平常不會發言、只有在劇場的脈絡中才能參與討論的「非人角色」。（台灣科技與社會研究學會／提供）

「我不想扮演這個角色」

協商劇場的必要精神之一，是鼓勵自由主義式的論壇中「換位思考」的能力。無論喜不喜歡自己扮演的角色，認領角色的參與者就必須盡力去揣摩角色可能的想法與其身處的脈絡。但是，如果演員不喜歡角色，怎麼辦？在這點上，我們的經驗或許可以稍稍挑戰一下 ANT 理論對角色主觀能動性的強調。

扮演「檢察官」的學生在研究塑化劑案兩個刑事訴訟後覺得他自己實在不喜歡這個角色，所以決定扮演一個厭世疲憊、只是執行例行公事、毫無熱情的檢察官。有意思的是，演員的這段內心轉折是到了演出後的討論中才講出來，而其他演員並沒有人發現劇中的檢察官持這種態度。或許是學生刻意模仿台灣一般法庭中的冷靜陳詞使得隱藏的個人感情無從表現？又或許，一旦由各個角色構成的劇情網路被打造出來後，個別角色的主觀能動性（包括其感情）就不會發揮作用了？若果真如此，ANT 假設各個角色有自由度與主觀能動性去打造結盟網絡，豈不是虛妄？

誰在「伸冤」？

包括 ANT 在內的社會建構論，乃至多數的社會科學研究，常會面臨一種批評：你們最多只是批判性地分析了社會如何運作，卻未提出替代方案。這確實是分析性視角和社會正義的規範性

立場之間一直存在的距離。在〈塑化劑爭議〉的展演過程中，我們確實僅僅回顧了複雜的案情，讓其中的一些角色「伸冤」：「始作俑者」廠商可以在協商空間中質問：「把我們關了這麼多年，食安問題就真的能有效改善了嗎？」「受害兼加害」廠商大企業可以把他們使用起雲劑的需求歸咎於台灣消費者的特殊偏好；科學家們可以批評食安相關研究的公共經費不足……可是整齣戲最終未能提出一個統一的立場，指出改革的確定方向。事實上，「重啓討論」或許只是走向改革的小小第一步而已。當然，這並不表示類似 ANT 這樣的分析性視角就無助於產生更圓熟的道德或政治立場，而僅僅是說分析與指明立場，很難在一齣短短的劇場展演裡兩全其美。

七、置入台北雙年展的脈絡中

總結來看，協商劇場只是 2020 年台北雙年展的一部分。在雙年展開幕典禮後，協商劇場計畫的全體計畫主持人都參與了由兩位策展人馬汀和林怡華親自帶領的導覽解說。陽明與世新兩個班級的學生也在表演結束後分別參觀了整個展覽，以理解自己的表演在整體展覽中的位置，亦討論其他作品中的 STS 觀點，對於進一步理解 STS 領域的理論與實踐課題很有啓發性。

首先，在整個展覽的四十六組作品中，協商劇場演出所在的、題名為「外交新碰撞」的北美館地下樓 D 展區，可說是位於象徵性的「丹田」

位置，在參觀動線上連接著一、二樓的較大型作品，與地下樓層暗室中的攝影、紀錄片與影像、裝置藝術作品，乃至正式展覽之外、但仍與整個展覽主題呼應的親子互動區。要走過整個展覽的參觀者，勢必要走過展期間每週末舉辦的協商劇場的橘紅色桌／凳裝置。

同一空間牆上 Navine G. Khan-Dossos 的 2018 年作品，則是以 1999 年土耳其、希臘一連串地震災害後出現的社會互助為主題所舉辦的《地震外交學院》工作坊為主題，在 2018 年伊斯坦堡設計雙年展上首次展出。這個作品把台灣 STS 學會 2020 年參與演出的協商劇場，接上另一個時空脈絡非常接近的活動。值得一提的是，與土耳其、希臘 1999 年震災類似，同一年台灣的 921 大地震之後所開展的大量、多層次、各種尺度的新社會互助實踐，對於本地的 STS 相關社

▲▲「不談完就別想離場」的協商場地。（陳信行／提供）

群也帶來許多啓發。例如，當時以謝英俊建築師團隊所開展的「協力造屋」運動，多年來一直對於服膺於房地產市場的主流建築技術體系提供了有力的概念挑戰，之後也有諸如「汗德學社」等團隊與機構加入各種試圖回應本地社會情境、生態保育需求，與各種社會價值的另類建築實踐。

　　「丹田」的象徵位置至少在兩個意義上呼應了整個雙年展的主題。首先，從初次場勘，到合班上課與排練中規劃角色走位時，我們就發現，包含一個螺旋形在內的會議桌／凳設計，把演出空間分割得讓人很難自由穿越。每一場協商劇場參與演出和後勤工作的人員幾乎都翻過很多次桌子，有時只是爲了跟房間另一邊的人們說幾句話。角色們聚集在螺旋處集體討論時，幾乎就是處於「不談完就別想離場」的尷尬狀況。當眞非得要離場不可，就得以翻過桌子之類的彆扭姿勢離開。

　　回到拉圖爲雙年展訂下的題目《你我不住在同一星球上》：這是在立場殊異的群體往往只會在各自的社交媒體同溫層中，看到群體內部共享的「另類眞實」；現實中生態與社會危機日益尖銳，但各群體卻彷彿活在平行時空中的時代裡，使許多人常會產生深重政治挫折感。「實地星球」、「全球化星球」、「維安星球」等等展覽子題中的作品，即是從各個面向探討這種危機與挫折。

　　然而，在概念圖中，拉圖的策展團隊卻把「外交碰撞區」放在能夠連結起原來或許「雞犬相聞、老死不相往來」的各個「星球」之間。再加上協商劇場上演的「外交碰撞區」場地空間「不談完就別想離場」的設計，這或許恰恰表現出拉圖在痛心批判之餘，依舊寄希望於平等協商、共創未來的一點樂觀吧？無論該坐下來談的各個群體與角色在現實中如何持續不願正視彼此的存在、更遑論展開協商，至少在展場的想像空間中，我們可以上演著協商的戲碼。波瓦曾在二十世紀拉丁美洲社會革命的脈絡中說「劇場是革命的預演」。而我們在不同的時空脈絡中，或許野心小一點，先預演協商，作為一個起點吧。

（本文作者陳信行為世新大學社會發展研究所教授、

林宜平為國立陽明交通大學科技與社會研究所副教授、

鄒宗晏為美國維吉尼亞理工大學科技與社會研究所博士生）

這場模擬讓我們得以測試生態突變時期裡可能有的兩種治理方向：朝上或者朝下。朝上，即是訴諸一個共同的上級原則，訴諸自然之國。不幸的是，這個國家不僅不存在，它還把一切協商都去政治化了，使協商變成只是分配原則的簡單應用。朝下，即是同意最高仲裁者並不存在，我們必須視所有利害關係人都具有對等的主權。我在參與此活動後有幾個反省，一是向下扎根的民主，理應沒有最高仲裁者，但在這個想像的自然國度內，人與非人參與政治協商的方式還是以代議制的形式出現在劇場，無論是代表身分的合法性（比如動物），或是人類組織的代表（企業聘雇的律師）；協商劇場的意圖在於把這個過程重新政治化，或許我們的劇本應該更結構，設計更多「劇情」。比如，我們將「非人」們送入法庭的劇碼就是一個很好的例子，因為這個劇情揭露了法律對於「自然人」定義的排他性本質，這便是一個很好的政治性揭示，也很符合協商劇場的要旨。

第二個反省是關於「戲劇性」。拉圖的願景或蓋婭的政治企圖相當模糊，作為演員，我想像的劇場圖像是比較傳統的，主要在於劇本與即興間的取捨，究竟我們是再現一個歷史上發生過的事件，還是作為各種「代表者」進入協商？我們跳脫出簡單的分配原則了嗎？各代表間真的是對等的嗎？

第三個反省則是關於演出過程。困擾我的，並非協商劇場抽象難懂、意圖不清，而是我們的演出，更像是修復式正義法庭加審議式民主（有趣的是，審議民主在對岸譯為協商民主）的混合，撇除「誰代言誰」的問題，加入所謂「非人」（也就是塑化劑、起雲劑、棕櫚油），進入協商，究竟是要協商什麼？塑化劑爭取正名，這比較像政治難民爭取公民身分的劇碼，而不是對資本企業與現代科學觀的挑戰，以社發所的性質，如果說要與拉圖的蓋婭理論作一些對話，那大概就是透過劇場實踐，對資本權力與自然觀進行政治揭露。我們與陽明科社所共同上課時間不夠多，導致並未與該所學生進行對話，我反思，如果將幾位非人角色去除，我們的劇場似乎也能順利進行，這就顯示出了兩段劇情上的斷裂，共勉之。

（方以清／世新社發所碩士生）

這學期的課程從實作出發，以「塑化劑爭議」為題，進行協商劇場演出。在參與過程中，我所思考最主要的問題是：所謂人與非人共同對等協商是什麼意思？

一、身為人類，如何為「非人」角色代言？

代言僅止於透過目前科學已知的知識進行，但好像很難進一步去想像，非人的利益與權能是什麼？該如何定義？若非人也有其「主權」且主權重疊，人類該如何表現非人的主權？非人會如何行使其權力？以人類的思考邏輯去表現嗎？非人亦會為了自身利益使用權力，甚至是侵越非人的「權力」？人類光是要了解自然、「接近」自然的想法，都可能是當代科技尚在發展的領域，要如何與其「溝通」更是大哉問。

二、協商劇場所強調的「橫向」是什麼？

在社發所受到學術與實踐並進的訓練，在演出準備階段，首先對食安議題敏感的是階級問題與權力問題，光是人的角色就包含：製造商、成品銷售商、消費者、司法機關、行政機關、科學研究機構。之中有許許多多複雜的關係角力，比如食品產業鏈的連帶關係、科學研究經費依賴國家機關問題、司法體系與科技知識習慣不同的

問題等等。這段期間心裡也不斷冒出疑問，這些角色為什麼要協商？自己準備政府官員角色的過程中，一直搞不清楚，我是要建基於現實中角色的模樣，連同現時的權力位置一起準備角色的協商劇本？還是只要把握住角色的權能與實作工具，帶著「理性善」的前提，和其他角色進行協商？

而這麼多的行動者摻雜其中，又要再加上非人的角色，首先就需要辨認出權力關係，但只要意識到權力關係，就愈對於非人角色的發聲感到困惑，也難怪在協商劇場演出當天，陽明大學同學所扮演的非人角色，很快就表態對議題的退位了。

而從第一點延伸，若非人真有權力，並發揮制衡作用，那麼虛擬劇場與現實之間的巨大斷層，要怎麼銜接呢？更為現實的問題是，當協商劇場虛擬結論出一個好的做法，在現實中是否被各方人類行動者所接受，進而根據這個虛擬的結論著手改革？演出要協商討論的結果，能夠幫助找到鬆動現實的施力點進行改變嗎？或者協商劇場只是一種工具，目的是要指責或凸顯「人類」行動者目前思考的疏忽，用以提醒人類行動者在現實中必須時時記住「理性善」，讓觀眾以及演出者意識到人類必須在生活中的自我節制、尊重非人主權？若協商是為了圍

繞著議題,討論出一種身為人類,可以在這個世界上,讓行動有更好的做法,去改善議題、改變行動,那除了加入非人角色之外,與興盛於高中、大學的「模擬聯合國」社團,讓菁英學生學習「協商」技巧,並感受良好、被「培力」(empower)的教育工具有何差異?

準備過程中,同學們似乎有一致的默契,認為結果最需要進行改變的角色其實是大資本家(銷售成品商),而我們的演出方向曾一度想發展成革命路線,所有其他角色需要結盟,共同矛頭則指向大資本家並推翻之。但只要進入自身所扮演的政府機關角色,閱讀資料發現官僚機構龐大的分工體制,便身陷五里霧中。革命的方向對我所代表的政府官員角色看起來沒有利益可言,曾有同學表示,渴望同學們能以旁觀的角色提點,與同學們共同激盪出一個不同於「對等協商」的協商劇場,並沒有得到熱烈的回應,對於希望演出推翻資本家強烈想法的同學,亦未在編排時展現積極動力,發揮某種帶領作用。這不是知識分子安於己身位置不願思考現實改革這麼簡單的問題,更是在這樣無償且短期的演出籌劃中,是否有人願意獻身投入進行組織、組織又能到什麼程度的動力問題。

演出結束後,老師帶我們回過頭來讀拉圖《面對蓋婭》第八章有關協商劇場的理論,其所引述政治實驗藝術的實作經驗是 2015 年一系列在巴黎召開的 COP21 —— 跨國協定碳排放標準 —— 前的活動之一,嘗試突破國與國的框架,將在場外的 NGO、非人等會議場外角色拉入會議中進行協商。在此背景脈絡下,拉圖的協商劇場概念是否能直接挪用、套用於某一主權地區內的議題,應該多做考量。當然拉圖並未否認協商劇場的虛擬性,但這讓我思考,虛擬也就僅止在虛擬,若不能透過具體的物質關係進行實際上權力的角力、改變現實的狀態,回過頭來也就更展現了此次實作的食安問題,在這個複雜的當代社會中是大哉問。另一方面,所謂讓人意識到「戰爭」狀態,協商劇場這種透過在談判桌前和平理性「橫向」協議的展現方式,也僅僅為文化行動主義盡一些實作的貢獻,而被壓迫者劇場企圖讓權力處於弱勢的人意識覺醒,進而有機會組織起來與掌權者互相抗衡;那協商劇場曲終人散之時,除了走進糾結權力關係的死胡同(或感覺良好體驗了一次協商的練習)之外,還有對現實任何其他積極的意義嗎?

(賴韋蓁/世新社發所碩士生)

Q

移植自法國的協商劇場，適合在台灣實踐嗎？要注意什麼？

協商劇場的核心元素之一，是盡可能模擬現實中的政治過程。當代法國和歐洲有他們的政治文化，例如正式協商時各方代表必須穿正裝（如西裝領帶）、言行舉止符合某種風格才會被聽進去等等。而當代台灣有自己的在地政治文化，例如倡議團體在談判桌上身穿議題T-shirt 就是「正裝」。

如果師生們只從一般媒體認識我們本地的政治文化，會以為整個過程全是抗議推擠、喊口號和辛辣的語言衝突，因為偷懶的媒體喜歡用這些刺激畫面來吸引閱聽人的目光。其實，對各種倡議團體而言，抗議也只是很長的過程中的一小段，大多數時間與力氣往往都是花在開會上面。

台灣開會是什麼樣子？立法院開各種會議一直有直播，有時也有環評大會、公聽會等行政部門的會議。這些政治程序大部分並不是黑箱，可是或許是進行過程冗長、而且火花多半不多，會看的人真的很少。沒看過，對日常真實中的政治過程的樣貌就難以掌握。建議師生們認真一起看完一些議事直播、協調會錄影等等，在準備協商劇場的同時，也能如實地認識本地真實的政治文化。（陳信行）

人類世與地緣政治：核廢政治與教學新碰撞

楊智元、董芸安

一、核廢的未知數

　　〈核廢的未知數〉這場主題由國立政治大學創新國際學院「人類世與地緣政治」課程負責執行，由杜文苓老師發起，楊智元老師與民主創新與治理中心（現更名為創新民主中心，以下稱創新中心）時任副主任羅凱凌與其團隊林俐君、許鈺昕、高齊、何家璇合作，探討核廢料處置問題在台灣當前面對的困境與未定之未來，希望以此新類型的教學法，來達成在前端學習關於人類世的基本理論知識，諸如深度地質歷史、地質學、氣候化學與整合的地球系統科學、氣候變遷科學辯論後，以展演活動的方式來探討核廢料在北海岸所開展與演繹出的政治與社會問題。因為本次議題選擇的關係，展演聚焦在生態面的討論相對較少，在兩位非人角色的塑造上，我們決定採取後自然取徑、情緒生態學的角度讓她們以情緒與記憶流露的藝術方式演出，其餘角色比較著重於探討圍繞在核廢料此一技術物上所環繞的政策、社會與政治難題。

　　由於核廢料是時間尺度長且跨域的議題，不

只需要技術層面的探究，更需要社會層次的共同認識，而目前位於北海岸的核一廠已經進入除役狀態，在核廢料處理進程上，理應進入用過核子燃料乾式貯存的階段，然而因為環境、設施相關爭議以及地方居民擔憂等，用過的核子燃料仍舊存放在核電廠冷卻池內，建造好的乾貯設施無法啓用，所以當前台灣核廢料處理的焦點之一，是北海岸的核電廠除役與高放射性廢棄物處理。面對核一廠實質除役與核廢料貯存設施啓動的僵局，在中央與地方層級都有不同的思考和論述，至今尚未出現解方。鑒於前述（請同時參考附件1），我們將本場協商聚焦在討論北海岸核電廠除役與高放射性廢棄物（high-level radioactive waste，簡稱高放，或用過核子燃料），以行政院「非核家園專案推動小組委員會」會議、會後的委員立場聲明為情境模擬；加上與用過核子燃料、北海岸土地的非人角色對話，共同反思這跨時間尺度的技術物如何影響人類社會的政治協商。

　　課程的安排分別以歷史脈絡、治理結構、個別行動者等三層次作為推進之順序，一開始先介紹核能爭議與台灣民主化運動、社會運動的共同根源，以社會技術想像的概念，來說明核能技術在戰後台灣的政治與社會運動中的定位，再來進入場址選址條例的制度面細節，包括台灣電力公司、經濟部、行政院原子能委員會等的法令、架構之介紹，最後則是以個別行動者的角度，如社區意見領袖、科學專業顧問、全國性環保團體、

地方組織等不同角度讓學生對於該議題有層次分明且通盤性的理解，理解該議題所面對困境的生產，對於既有的社會經濟與政治地景的認識是一項重要的工作，也是協商模擬的重要工作之一。

除了上述配合課程的背景知識內容，我們更在課程之初，邀請策展人林怡華來介紹協商劇場的精神、法國操作經驗，以及 2020 台北雙年展公眾計畫的定位、安排等等；其次，根據法國經驗與文獻，我們辨識出規劃協商劇場最重的工作是「撰寫角色說明書」——角色說明書能夠引導學生透過說明書大綱擴充對角色的認識；再者，基於規劃團隊豐富的田野經驗，我們傾向貼近／映射真實的方式進行敘事，促使學生在已經建立的角色輪廓之上，經由進一步的資料蒐集來探討角色的基礎觀點與見解、主要目標、結構性的限制、真實行動者據論說法、彼此間緊張或是親近性關係、技術性資料，例如乾貯設施的期程與類型的不同主張等等。透過角色的塑造與內化過程來自發性的學習，理解爭議點之所在、論點間彼此對話性關係，以及爭議形成的技術知識基礎、

▶ 在租用的正式會議場地預演。（楊智元／提供）

社會性關心考量的優先順序之差異。

　　在選角的程序上則是採取自願與指定並重的方式，由於此次有著創新中心帶進的公共審議與北美館展演雙重任務存在，因此是以演出狀況與映射真實等原則來指定、調整學生扮演的角色。最後，由羅凱凌副主任帶領助教們以密集的討論課／課後討論形式達成角色定調性格與刻畫立場，透過連續的討論將角色深植學生心中，也反映著本有的結構衝突、利益與矛盾，這是一種以培養角色所屬感（ownership）來探求社會科技爭議之核心的創新教學方法。

　　角色的展演是一場自然環境、技術物行動者與人類行動者「旨趣」動態連結過程的展示。在活動前，我們數次在政大創新育成中心的正式會議場地進行會前會協商、北美館地下室的小規模預演等，來強化學生公開協商、公開演出的技巧，藉由探索當前的分歧，達成公開藝術展演的準備過程。而選出的角色與主要立場如表1。

二、演出紀實：未知數的演繹

　　終於來到2020台北雙年展公眾計畫協商劇場的最後一場壓軸活動〈核廢的未知數〉。本場活動共有上中下三場，上半場與中場分別為「情境模擬」的劇場表演，由來自政大不同系所的大學、碩士班學生，扮演行政院非核家園委員會成員和非人角色，展演會議桌上的溝通與爭論、會

表1：角色列表

角色	主要立場
用過核子燃料棒 （非人角色）	為外界長期以來對自己的污名與誤解而感到不公，認為必須讓外界更清楚知道輻射的組成成分、功用與利弊，才能為自己找到合適去處。
北海岸土地 （非人角色）	相信人與環境是互動的，反對將生命與非生命或是科技與文化二分。
土地團結聯盟成員	理解核廢處置的困難，積極透過組織行動，捍衛文化以及實質正義。
自然人基金會會長	關心核電對人的影響，以及重視北海岸自然環境所承受的衝擊，主張公平協商保護在地人生存權。
鄉土協會理事長	只要確保安全無虞，認同北海岸可以當作核廢料暫時寄放的中繼站。但對於是否要長期放置在北海岸則有所保留。
綠色地球基金會 研究員	認為核廢處理不是單純的技術問題，還涉及許多面向，希望以室內乾式貯存取代台電室外乾式貯存方案。
台灣零核能基金會 執行長	堅信唯有「非核家園」才是地球永續之道，因此致力推動核能相關的知識教育。
核子工程與科學 研究所院長	相信科學證據與數據，認為做研究可以回應各界對核廢料處置的誤解。同時呼籲政府要投入更多的資源，立志將核電廠除役發展為顯學。
原能會前主委	支持核能發電，並主張專業對話與溝通。
民主諮商中心 執行長	中立者。期望透過協商，讓大眾參與公共決策。
經濟部長兼發言人	政策執行者。希望能在全國不限電、電價穩定等前提下，達成身為政務官的任務：落實「非核家園」。
台電負責人	積極推動核電除役。
原能會副主委	堅守安全、專業、依法行政，希望能在自己任內兼顧核廢安全與除役。

議後的討論和聲明表態的劇碼；活動下半場則「回歸現實」，由活動主持人進行引導，讓觀劇民眾、學生和籌備團隊成員們進行現場分享與交流。

（一）上半場：非核家園小組委員會會議

　　身穿黑白囚衣、穿戴鐵鍊的核子燃料棒走進會場的獨白，為劇場拉開序幕。中央政府的角色代表宣布行政院永續發展委員會非核家園推動專案小組第六次會議正式開始，邀請作為第三方代表的民主諮商中心擔任會議主持。民主諮商中心代表的主持人藉機為在場的觀眾介紹核廢料議題的基礎知識背景與現況，以及統整待解決議題，並點出除了技術層面，社會面向的溝通重要性。

　　會議過程中，各方角色輪流發表意見，從口吻平淡的單一報告，逐漸進入口氣爭鋒相對的討論，在開放腳本的情況下，一來一往對話，各方立場與核心價值的落差，在舞台上逐漸清晰。專家代表以科學佐證論述，用艱澀術語就技術層面

◀〈核廢的未知數〉展場入口處旁的「核一大事記」的黑色巨大看板，表列著自 1971 至 2020 年，北海岸核一廠發展的歷史脈絡。（董芸安／提供）

解釋議題，地方與環境團體代表則強調溝通流程的重要性，揭露草率溝通帶來公眾議題的治理問題，而原住民代表則批判著在議題處理過程中，持續邊緣化原住民之荒謬、忽略甚至毀壞原住民有別於國家體系的社會形態與環境關係，政府代表則重複表達依法行政與顧及各方需要的無奈，演出中，穿插著北海岸與燃料棒的非人角色介紹自己的狀態、能耐與重要性。在（演出的）會議結束，意見相左的各方，在生態教育與核能安全宣導的重要性上，達到唯一的共識，結束了上半場的情境模擬。

（二）中場：政府與各委員新聞稿發布

　　會議劇碼結束，演員們仍持續扮演角色，分散到會場角落，演出內部協商、各自結盟的現實樣態，並與同樣散落各處、各自聚集的觀劇者互動，舞台上與舞台下的邊界不再，虛擬劇場與現實生活的交織，在中場模擬情境中，更加模糊 。

　　螢幕上分割鏡頭的影像，呈現出演員們演出的小劇碼：環保團體與部分地方決定聯合發表立場聲明稿、政府端閉門會議互相檢討、原能會的正副主委在內部協商、經濟部與台電公司討論政策方向，研擬出一致性回應。此外，演員與其代表的真實人物握手寒暄、交換心得、共同接受民眾的各式提問。與此同時，策展團隊的老師們互相拍肩鼓勵，倡議人士側耳聊天與擁抱，現實生活的專家仔細觀看展演布置的各個設施。最後，上半場與中場情境模擬的劇場表演，在學生演員

▲ 會場各個角落，學生一邊演出劇碼、一邊以角色與會眾互動的虛實交織場景。（政大創新民主中心／提供）

們的發表新聞稿與發言聲明中落幕。

（三）下半場：會後座談

　　由計畫主持人羅凱凌帶領的會後座談，邀請幾位非核家園小組委員會的「真實」成員（利害關係人）給予回饋與建議，也請學生與民眾共同分享經驗與觀察，作為活動下半場。

　　第一位受邀發言的是北海岸居民代表郭慶霖，他分享自己在看劇過程中，不斷回憶起多年反核經歷的傷痛與前輩夥伴們，擬真的情境再現讓他「有點錯亂，一度想要舉手發言甚至拍桌」。話鋒一轉，他談到自己的觀後感，開始反思諒解與尊重，過往爭鋒相對的其他利害關係人都是「共同承擔一個國家問題」的人，言語間的誠懇渲染場內氣氛，最後提出主張：「核電廠的除役是社會的除役，要卸下擔子，不僅靠經濟與技術，更需透過公眾對話和社會溝通。」第二位

◀ 北美館地下樓 D 展覽區的螺旋狀橘色椅中央，擺上漆著「放射性核廢物 No.19860426 台灣核電」黃色鐵桶的布景，在劇場燈光下似真似假的情境，扮演角色的政大學生們，針對「北海岸核電廠除役與高放射性廢棄物」正展開一場協商會議。（董芸安／提供）

發言的是地球公民基金會主任蔡卉荀，她表示現實中的會議現場，更為混亂也難以聚焦，更像是一個社會的濃縮：多方角色單位對議題的觀點差異與認知落差；並延續郭慶霖談及的「社會除役」話題，強調除了技術與溝通，還有支撐整體「除役」過程的機制系統，其中關鍵在於擬定含納地方價值的相關法令，進而提醒在場大眾，公權力的執行與法律的擬定皆須受到社會民眾的監督。第三位發言人為台灣電力公司副總經理兼執行長簡福添，他回應蔡卉荀分享，肯定這場活動的創新，透過學界的努力，營造出誠意與諒解的溝通情境，協助不同立場關係人找到共通點。

　　長期關注原住民運動與環境議題的獨立音樂人巴奈於會後觀眾互動時，強烈點出在核廢料議題中擁有最高決策權的政府，在處理過程的失敗與爭議。她質疑，用民主溝通模式處理一個國家用暴力專權方式所做出的決定，是否真的有效可行？當議題設定著重解決問題時，是否認真評估技術的可能性？而理性溝通的機制設計中，是否又真能完成換位思考，讓不同人理解核廢料議題中被犧牲者的日常處境與痛苦？巴奈嚴厲提醒著參與活動的所有人，「展覽辦完了，核廢料還是在那」。

　　此發言引起現場熱烈討論。計畫主持人羅凱凌除了感謝巴奈提出的反思，也提到民主溝通具有不同層次，包含面對政府的正面衝突以及轉向社會大眾的議題介紹，扣回北美館 2020 台北雙

年展的主題《你我不住在同一星球上》，即便我們同樣生活在台灣島上，來自不同領域的人與單位，如同是不同星球的人們，而協商劇場的活動，便是一種試圖突破理解藩籬的嘗試。而鹽寮反核自救會幹事楊木火也就核廢料技術處理與地點可能性的面向，作出簡短的回應。政大傳播學院郭力昕教授則提醒，核能議題是長期抗戰，教育過程中，在學生心裡種下的影響力與重要性，不亞於街頭抗爭。

最後，針對協商劇場作為教育手段、開啟公眾議題溝通新模式之價值，地球公民基金會代表提到，從課堂演講、會場彩排到劇場演出的過程中，學生的表現持續產生變化：「展演的過程是再學習的可能。」公眾領域的展演，讓虛擬的學習／劇碼進入到現實各方利害人間的糾結關係之中，必須面對棘手議題待解決的真實性，而真假間的落差所引發現場的不適與質疑，凸顯出原本虛擬劇碼中的流暢與和諧，是建立在既有體系（學生老師彼此間）的信任與理解。而信任來自真相與共同認知，當原本的共同認知進入公眾展演的新場域，接受到大眾的揭露與刺激，協商劇場作為教學／學習媒介，便進入到下一學習、反思與修正的階段。

本場活動暫以策展人林怡華的話作為小結：協商劇場在美術館的舉辦，是希望藉由藝術的虛擬空隙，加入非人類的觀點，進行多途徑的討論，嘗試讓學生跳脫以人類為中心的思維方式，去

面對台灣社會的公眾議題，認識到科學的不確定性，公眾議題的認識不能單一靠科技、權力、法律的佐證。協商劇場在虛擬跟真實交織下，改變既定的公眾議題討論的遊戲規則，而我們從中可得到提醒，當今的民主與進步、利益與權益，是建立在許多人的犧牲之上，期望學生在參與協商劇場的過程裡，培養多方協商技巧與公開講演之膽識，更能嘗試探索當前的分歧，尋找未來我們行星存在模式的初步可能新方向。

（本文作者楊智元為國立政治大學創新國際學院助理教授、
董芸安為荷蘭萊頓大學區域研究所博士）

學生回饋 1

儘管有參考模型，但混沌的狀態還是持續膨脹到會前會、甚至排練的時候；然而一切的明朗和高潮都發生在協商劇場當天自然而然展開。扮演自然人基金會會長的我，竟然能自在地舉手發言或反駁、能展現角色情緒的張力、能用理性言語向擁護一種事實的角色訴說我看到的另一種事實。儘管，可能看起來都有刻意的痕跡，但我認可自己的努力，也享受於其中。完成演出只是篇導言，當真實角色起立，才是正式學習的第一章。「今天你們演完，核廢料還是在那邊沒有人處理。」巴奈語重心長且情緒深刻的一席發言震撼全場，當下我的心更沉、更雜亂了。身為一個入門此議題的局內人，我付出了什麼、又握有什麼力量繼續行動？這不是課堂作業延伸問題，而是我身為台灣人願意當責去置身其中的準備工作。

（王渝安／政大韓文系學生）

在舉行核廢家園正式會議的前一晚最難熬。看著資料夾裡面「政大會前會」、「北美館會前會」、「正式會議使用」、「資料佐證」等等檔案，我一面整理一面思考，扮演原住民代表的我可以在這樣的會議裡達成什麼訴求？從林承漢（自己）進入到萊薩該努委員（角色），我一直都沒有明確的答案。參考了北歐如何處置核廢料的影片，也看到巴奈還有其他倡議者如何被警察架離凱道的新聞，我有時覺得原住民才是核廢議題裡最焦慮的一群，要抵抗的包括政府如何帶頭違反法律，在資訊不對等的狀況下實施探勘或是地理資料搜集。

整個準備的過程，帶給我最大的震撼莫過於在北美館開完會前會後，得知那筆巨大的回溯補償金如何對蘭嶼內部造成巨大的撕裂——因為在此之前我以為只要補償金的金額夠高，就可以消弭更多反對的聲音。這樣的震撼，讓我在正式會議時向委員們呼籲，補償金絕對不能解決問題。台灣是多元的社會，每個人對於特定價值的追求不單只是金錢數目的計算，有時候錢的給予不過是單一價值霸權式的羞辱。扮演原住民代表的我感同身受。這也難怪巴奈在活動尾聲回饋時，她會如此憤怒，因為她在乎的是下一代是否有足夠健康的環境成長、是否有操場可以奔跑。同時，我也不斷在思考，那不到 10% 的核能占比，究竟意味著什麼？

「人類世與地緣政治」課程提到了「永續」的概念，對於一個喜歡社會領域但又想運用商業的背景擴大影響力的人來說，實屬啟發。比如說台灣人壽與全球人壽因為對於 ESG 議題的關注而配合永續投資原則，近年投資超過四十億於離岸風電上，並基於人權的尊重拒絕投資槍枝、色情等產業。這樣的投資力道確實是對永續議題的正面回饋，完全顛覆我在第一節課時對於「萬惡的資本主義」的想像。未來希望能夠繼續深入永續的領域，在環境的議題上持續關注！

（林承漢／政大金融系學生）

附件 1　核廢 Q&A

Q. 什麼是高放？為什麼要乾貯？

A. 發電過後汰換的用過核子燃料，因為具有極高的熱量和放射性，故先放入用過核子燃料池，以循環冷卻水去除熱量以及等待放射性的衰減。而後依據國際處理慣例，移到乾式貯存設施，透過不同材質的防護，阻絕輻射源，也形成自然對流系統，漸漸降低輻射強度。

Q. 自然環境有何特殊性？

A. 先談談核一廠所在地的自然環境條件，在地震帶上的台灣，新北市石門區是核一廠所在地，好山好水，不過山是大屯火山，水是農委會公告的土石流潛勢溪流的乾華溪。電廠鄰近太平洋，鹹鹹的海風吹拂，其實也意味著護箱材質的敵人 —— 鹽分的侵蝕。位於亞熱帶地區的台灣，隨著全球暖化的趨勢不時有熱浪，甚至颱風、東北季風、暴雨、高溫等氣候特徵，也因為這些環境條件，即使國際上已經有數十個國家啟用乾貯的經驗，但是在台灣核一廠的乾貯護箱位置和材質等也引發了社會對輻射防護的擔憂，這是大自然丟給人類必須忖度的問題。

Q. 貯存設施為何會引起關注？

A. 乾式貯存必須透過多重障蔽的設計，以阻絕不同的輻射源（鈾、銫、中子），使輻射外洩的風險降到最低。現今國際上的乾式貯存桶，依據材質有分成混凝土護箱、金屬護箱之材質設計。目前台電公司已經透過核能研究所來自美國的技轉，經過美國核能管理委員會（Nuclear Regulatory Commission, NRC）以及行政院原子能委員會的審查與許可，建造完成混凝土護箱。然而，核一廠除役計畫暨乾式貯存設施訪查時，與會者便已提出應以金屬護箱為佳，因此引起更多團體的關注。

Q. 設置地點有何爭議？

A. 就貯存地點而言，台電公司參考美國等國際上乾貯設施的設置，採用室外露天貯存的方式。對此，民間提出因應在地氣候與地層等因素，希望能將乾貯桶置於室內。台電公司回應已建置土石流上游偵測系統，以及緊急應變措施（快速清除土石減低乾貯桶被掩埋而引發災害的可能），並認為大規模土石移動、瞬間高溫的天氣以及濱海鹽分不致影響乾貯設施的安全性，希望能先啟用室外乾貯場。2016 年在前行

政院長林全的協調之下，原能會放射性物料管理局（物管局）去函要求台電公司將核一廠的乾貯場分為一期與二期，之前已興建完工的室外（露天式）場地為一期；現今建置的室內場為二期。然而，居民與團體因為前端互動的結果，並不完全信任台電，認為既然有室內設施的選項，應待二期乾貯完工後，直接採室內乾貯。

Q. 民眾有何擔憂？目前規劃的核廢料遷出時程？

A. 除了前述設備技術的疑慮外，目前高放射性廢棄物的選址程序尚未立法，也代表核廢料在台灣的最終去處尚未有定論，因此在地官民擔憂，一旦乾貯啟用，新北市是否就成為用過核子燃料的最終處置場。台電以選址的科學條件與政策進程聲明核一廠不會成為最終處置場：就核廢料處理技術和程序而言，乾貯設施與最終處置條件不同，而貯存設施的條件和執照有效運轉時間（四十年）也規範在放射性物料管理法與其施行細則中；另一方面，台電依放射性物料管理法規定及原能會已核定的用過核子燃料最終處置計畫，持續執行高放核廢料遷出至最終處置場的計畫。然而，政府在科學條件說明與行政執行流程的保證並未完全被信服，民眾仍認為歷經十餘年政府尚未進行高放選址立法，更未選定場址，此疑慮持續存在。

Q. 台電與新北市政府有何說法？

A. 民眾的質疑也影響了新北市政府的態度，市府強調面對具有高風險的用過核燃料，不能只依循一般建設的水土保持標準，需要多方面考慮水土安全與潛在危安因素。因此新北市政府對於乾貯設備的水土保持計畫審查也多次要求台電公司修正，歷經數年，台電都未取得設施熱測試的許可，遑論啟用。所以原能會或經濟部，甚至地方的民意，皆要求台電公司的高層必須和新北市政府進行風險溝通，探討水保證明一直修正但未得獲准的關鍵影響因素，令乾貯設施盡速啟用，才能更安全地貯存用過核子燃料。

Q. 現行政策方向？

A. 目前已經開始除役的核一廠，若無法將用過核子燃料自反應爐心中全數退出，移至用過核子燃料池，並進入乾式貯存設施內貯存，電廠便無法進行實質除役、拆廠、場址復原等法定二十五年內得完成的除役作業。因此，當前首要任務便是乾貯設施的啟用，以接收用過核子燃料池中的高放，推進電廠依原能會管制、依政策方向的除役程序。

Q. 我們還應該關心哪些部分？

A. 核廢料回饋金在高放部分包括濕式貯存、乾貯設施興建、熱測試、營運等，此筆龐大的預算是由核能後端營運基金來支應。該基金支付內容包括：低放射性廢棄物貯存與處置、核電設施除役、高放射性廢棄物中期（乾式）貯存與最終處置、廢棄物運輸、地方回饋等。主要是由經濟部聘邀各相關機關（構）、學者專家和民間代表組成「後端基金管理會」做管理監督。至 2020 年 9 月底止，已累積新台幣 3,648.19億；而同月 16 日，因應核電廠除役成本，經濟部核定基金總費用提高至 4,729 億元，逐年撥付。

▶ 核廢場海報。主視覺設計師賴柏燁以沙灘上圖案帶出核廢料議題與北海岸之美的格格不入，營造出不知是迎向光明日出，抑或迎來日落後黑暗的不確定性。（政大創新民主中心／提供）

Q 在演出前中後，如何妥善面對真實利害關係人的現場回饋？

協商劇場的設計希望達成的是公共教育，透過劇場的方式營造出一個允許彈性與反省思考的空間，來省思現實的侷限。因此，協商劇場不是一種真實重演的戲碼，並不以絕對的再現真實利害關係人發生過的爭議事件為目標。那些在真實世界難以轉變的權力關係，才是協商劇場想要鬆動的對象。

協商劇場能夠映照現實，但不是重現單一真實——真實是多重、複雜且並存的——因為它的劇情設計、場景安排、人物角色的刻畫是透過扎實的科技與社會研究基礎，透過經驗性的調查，包含蒐集書面資料、觀看紀錄片與閱讀研究報告等，因此可以穩當的架構議題。

在演練的過程中，可以透過邀請利害關係人擔任培訓講師的方式，從自己的立場來進行敘事，多元的敘事觀點有助於開展現實的複雜性。協商劇場希望給予學生演員一定的自主詮釋空間，並沒有一定要模仿與擬真的扮演誰，而是讓學生有機會去反省那些既存的結構限制、權力的強弱與能動性的差異，重新去設想多方角色立場的彼此關連。角色之間的相互對話是重頭戲，而正是經由重複對話的過程，一如行動者網絡理論（ANT）所強調的，網絡間的聯繫關係長短與強弱才是重點，那些看起來堅固的聯繫，可能在協商中解組與重組。傅科（Michel Foucault）曾說過，力的施展永遠有作用力與反作用力，雙方互為轉化的對象，都是力的接收者，也都是施力者。

協商劇場希望經由開啟重新協商的機會，讓公眾看見當前安排之外的其他可能性，而這些可能性是開放給所有行動者的。公開展演的場景設計也可以加入學生演員與現場觀眾互動的環節，作為公共溝通與資訊擴散的一環，也做為一種現場的直接回饋，而利害關係人當然是公眾當中的重要一分子，能透過邀請而參與其中。（楊智元）

你我與氣候足跡

彭保羅、鄭師豪（郭育安 / 協編）

> 因為我們是分裂的（不在同一個星球上），所以我們需要協商。── 布魯諾・拉圖（於 2020 台北雙年開幕研討會）

　　本場活動源自一個初衷和一個教學的設計。除了前面介紹的四場協商劇場外，本文作者也還正尋找一個與雙年展主題直接相關的議題：面對氣候變遷的急迫性，在日常生活中，個人壓力並不亞於集體壓力，而我們可以做些什麼。但是，那個「我們」又是指誰呢？關於「人類世」的論述，如拉圖或迪佩許（Dipesh Chakrabarty）的作品，[1][2] 因未充分說明國家和階級之間的差異，以及他們在氣候變遷急迫性下的責任為何，又廣泛使用「我們」而受到批評。在這次雙年展主題中，選擇「你 / 我」為某程度回應此問題；《你我不住在同一星球上》也可理解為：你和我對存在於此有不同的見解，所以你和我有不同的方式來建立什麼是集體的「我們」，亦即你和我所在的此時此地。

　　階級和地緣政治對於氣候變遷急迫之行為的影響顯然是不同的。如果我住在台灣、你住在法

國或孟加拉,或者,若我是個住在都市的富裕學者、你是印度棉花農人等,對此問題的看法將截然不同。而我們的學生如何經驗這種差異?或許他們跟雙年展的公眾對話正是一個機會,這就是本場初衷。後來,儘管我們知道 COVID-19 導致外國遊客無法前來,且這種藝術活動的受眾大多僅吸引到富裕的中產階級。不過,很幸運地,我們最後能夠有相當多元的民眾參與活動,包括來自印尼的移工等人。

由於教學上的設計與限制,參與這次活動的溝通人員由彭保羅和楊智元「人類世與地緣政治學」課程的政大學生所組成(課程簡介請見附件1)。我們跟政大創新國際學院院長杜文苓討論後,決定以核廢料的議題為主(參考本書〈人類世與地緣政治:核廢政治與教學新碰撞〉),而我們也知道學生準備角色扮演相當耗時耗力,因此,我們嘗試規劃一個工作量還能負擔、可以與雙年展的觀眾有直接溝通機會的「特別場」。

一、特別場的啟動:「地球超載日」和「生態足跡計算器」

在雙年展籌備期間,拉圖提及了全球足跡網絡(Global Footprint Network, GFN)的「地球超載日」。這是用一種引人注目的方式來表示生態承載力的耗盡,地球超載日在一年中越早發生,情況越糟。如 2018 年 8 月 1 日為全球平均的超載日,意思是到了這天,人類的消耗(足跡)將超

過生態承載力，已花完年度生態信貸（ecological credit，是的，生態也有信貸額度），剩下的時間，人類則成為其他物種的債務人（ecological debtor），形成生態赤字（ecological deficit）的現象。[3]

各國的超載日來自聯合國提供的數據，因此很遺憾地，GFN 尚未有台灣的紀錄，但我們看到新加坡在 2018 年 4 月 12 日前，生態承載力就已用盡，換句話說，在該年剩下的時間裡，新加坡因生態赤字的緣故，須仰賴其他國家生態資本來勉強維持平衡，而印尼為當年全球最後一個用盡生物承載力的國家。然而，這並不意味著印尼已做得夠多了。儘管其承載力巨大，在該年 12 月 18 日之後，印尼也開始處於承載赤字的狀態。生態足跡為全球足跡網絡的核心概念，發展於 1990 年代早期，是一個可全面持續發展的指標。這些年來，「足跡」一詞已成為人類行為及其影響的同義詞。[4]

GFN 網站有可愛的介面且方便使用者操作的「生態足跡計算器」，通過對居住地、交通、食品和日常消費等十四個問題列表，讓使用者對個人的生態足跡有個約略概念。這些問題可在十分鐘內完成，並將結果轉化為個人行為所消耗的「地球數量」。[5] 生態足跡計算器的網站可使用多種語言進行，包括簡體中文。不過由於台灣民眾並不熟悉簡體中文，簡體中文所採用的詞彙也與繁體中文有所差異，以及上述提到聯合國數據來源排除台灣的問題，我們最後決定根據網站最

初的英文版本，籌備適合台灣的繁體中文腳本，
並且讓工作人員依據腳本協助民眾完成計算。

（一）環保學者認罪！

不瞞您說，本文兩位作者第一次使用「生態
足跡計算器」時，就被自己的結果震驚了。儘管
保羅平時努力克制不吃肉、坐計程車等，居然還
是消耗了六個地球（3月2日就達到上限，在於每年
至少有一次各飛往法國和日本）；師豪儘管沒有飛往
國外，還是消耗 2.8 個地球（5月11日達到上限）。
對於關心環境議題的學者來說，這是多麼糟糕的
分數啊！

儘管我們懷疑這個計算器可能有偏差，但仍
認為它能為學生與前來台北雙年展的民眾，帶來
有趣的互動與對個人生態足跡的反思。不過，從
台灣的脈絡來看，這個計算器所列的一些問題有
些聽起來匪夷所思，例如「您家裡有電嗎？」「當
您開車旅行時，您多久停車一次？」等諸如此類，
因為即使在最好的情況下（不搭飛機、非常有限的汽
車旅行、幾乎不食用肉類，以及非常有限地使用加工和
包裝食品），計算結果也不可能少於一個地球，平
均下來，還是得使用兩至三顆地球，好像整個問
卷的設計導向就是想讓填答者感到內疚似的。

對於需要使用非電動汽車或摩托車（指使用傳
統化石燃料）的人，我們預計很多參與者無法回答
這個問題：「您最常使用之車輛的平均耗能是多
少？」為了方便作答，學生們最終決定根據 108

年台灣汽機車的平均耗能水平（汽車約 15.28 公里 /
公升，摩托車約 45.89 公里 / 公升[6]）提供給民眾一些
參考。[1]但最重要的是，有幾個問題需強調其集體
模式的系統和結構層面。例如，在台灣除非你有
自己的房子，且足夠富有，可以投資太陽能板（或
者你知道如何向政府申請補貼），不然大多數人都依
賴台電，而台電只有 6% 的電力來自於可再生資
源。因此，我們將「你家的電力來自可再生資源
的比例是多少？」的答案先設為 6%。

此外，為了避免學生過度強調個人行為，
我們鼓勵他們與雙年展的觀眾展開對話，也邀請
台灣能源政策專家趙家緯來到課堂上，討論能源
與運輸（如「為何電動車能有所作為？」），以及不
同生態足跡的概念、地球超載日之間的關聯與侷
限，並舉出幾個具體的消費案例。例如，不同版
本的蘋果 iPhone 之相對影響為何，[2]或比較不同
食品的水足跡與營養價值。[3]

趙家緯的解釋有助於將台灣的案例與其他
國家比對，[7][8]這尤其重要。如上所述，全球
足跡網絡是基於聯合國的數據，因此不包括台
灣。就其絕對價值而言，與中國和美國等大型
碳排放國相比，台灣所占的足跡量顯然滄海一
粟；當與丹麥等規模相近的國家相比，台灣的
表現就有些差強人意。然而，這取決採納什麼
樣的標準，以及該標準又如何訂定？其他量化
的度量系統，如耶魯大學公布的環境績效指數
（Environmental Performance Index, EPI）與德國看守

1 也可參考林宗弘、許耿
銘、蕭新煌（2019 年 12
月 23 日）。台灣民眾的交
通生活方式與低碳政策偏
好。國立臺灣大學風險社
會與政策研究中心網站。
取 自 https://rsprc.ntu.edu.
tw/zh-tw/m01-3/climate-
change/1341-1081223-
transportation.html

2 與 Apple 聲稱的相反，該版
本越新，其占用空間就越
大：iPhone XR 的重量為 62
千克（二氧化碳當量），
iPhone 11 的重量為 72 千
克，iPhone 12 Pro Max 的重
量為 86 千克。

3 水足跡係指各項產品或服務
背後所耗用的水資源使用
量。例如，蔬菜培育每公斤
只需要 322 升，而牛肉養殖
每公斤卻需消耗 15,415 升
的驚人數量。更糟的是，由
於長期存在的計劃性淘汰邏
輯，這些產品的生命周期越
來越短，這使它們對生態的
影響越加嚴重。

組織（Germanwatch）氣候變遷表現指數（Climate Change Performance Index, CCPI），所實測的結果又如何比對？[9]

（二）特別場之名為「足跡小屋」？

我們在籌備這個活動的過程中，發想了許多不同的劇場名稱，一開始是以「地球足跡小屋」定調。這個小屋，同時象徵著三個層次：代表個人與家庭活動消耗的「小屋」、代表整體國家集體消耗的「小屋」，以及代表整個地球全人類活動消耗的「小屋」。小屋的意象，也象徵一小群人的快意空間，在這裡，我們討論一個人的日常、他／她的家庭、在地社區和他／她原生國之間的生態聯繫，以及全球暖化加劇的氣候異常等種種挑戰。這讓我們隱約遙想到了一幕場景：在資源稀缺的沙漠中，游牧民族邀請彼此在帳篷裡商討牛隻生意或水資源共享與分配；[10][11][12] 在極端氣候條件下，我們需要一個如此親近的空間，開啟細緻的協商討論，於是以此為靈感，在展場設計的草圖上畫了粗麻布，興奮地搭建起「足跡小屋」。

▲ 趙家緯博士在政大演講和氣候足跡協商的模擬。（彭保羅／提供）

然而，2020 年 8 月，在我們把草圖交給 STS 的朋友、策展人林怡華和馬汀的手上時，就遇到美感與實際操作的挑戰。雖然大家客氣地鼓勵我們換個方式，也沒有人說：「老兄，這太難看了吧！」還是讓我們感到有些失落。隨後，距離雙年展開幕的三個月前，我們在北美館看了來自屢獲殊榮的香港建築師 Collective Studio 團隊專為

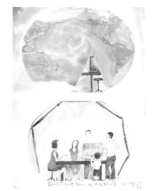
▲ 地球足跡小屋畫圖素描。（彭保羅／提供）

雙年展設計的亮橙色螺旋式桌椅。這優雅和諧的
部署（dispositif）佐以歐洲 1970 年代的華麗橙色，
意外體會到拉圖式的「從未現代過」（We Have
Never Been Modern）是什麼滋味。相形之下，我們
草圖上的粗麻布眞是顯得有些寒酸、格外突兀！

　　不過，即使面對美感與實作上的質疑，我們
還是堅守「足跡小屋」的防線，不僅引用其意，
也決定此賦名我們的特別場。只不過，後來和馬
汀討論時，他借鑒 Coccia 提及經濟（economy）
與生態（ecology）的語源學，[13] 兩者的前綴皆
爲「eco-」來自希臘語 οίκος（oikos），意指房
子。Economy 一詞可追溯到中世紀教會的拉
丁文 œconomus，即希臘語的 οίκος 和 νομός
（nomos），後綴爲 nemein 的變化形，意指管理，
於是 economy 源意爲「房子的管理」。而生態
「ecology」一詞的後綴調整爲「-logia」（即是
「-logy」的拉丁文），由德國生物學家 Ernst Haeckel

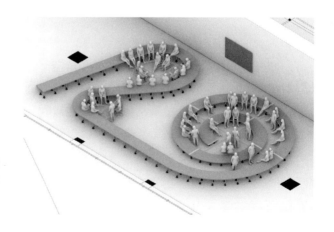

▶ 香港 Collective Studio 於
台北雙年展 New Diplomatic
Encounters 的造景設計。
（Collective Studio／提供）

於 *Morphologie des Organismen* 中提出，意指描述生物物種和生活環境之間的交互關係。[14] 誠如 Coccia 所言，「生態學還沒能夠擺脫其認識論的侷限性」，[15] 由於 ecology 與 economy 字源的親緣關係使它疏離政治（politics，源自希臘語 πόλης—*polis*，意指城邦）。如同古希臘一樣，oikos 意味著房子、家庭領域，而 polis 意味城邦、國家領域，兩者截然不同。因此，我們與自然的關係，視為帶有效益主義化約論的家戶研究。Coccia 又引用古典希臘 Xenophon──最早使用「經濟」一詞的思想家，將經濟視為一門科學，「它使人類的戶口增長；房子貌似儲放我們擁有的一切，可將我們擁有的物品、對每個人有用與有利的所有物，定義為財產。」[16]

沒想到，在理論意涵的層次上，與馬汀的開聊和 Coccia 的短篇論文完全擊破我們堅守「足跡小屋」的防線！我們後來發現，「小屋」的概念與政治疏離，並不切合我們的初衷，以及拉圖認為生態需要被重新政治化。於是在與林怡華進一步討論後，最後更名為〈你我與氣候足跡〉，除了保留足跡一詞，「你（與）我」也能呈現我們所設想的互動感，更能呼應雙年展的主題《你我不住在同一星球上》。

（三）科學爭論和自我分裂

當我們正埋首準備協商劇場時，又接獲另一個點子，是拉圖在籌備會議中的討論──關於到底什麼是「協商」的定義。簡言之，永遠不會知

▲ 在政大 11 月 23 日最後一次排練合影。（宋家和／提供）

道協商將以和平或戰鬥的狀態結束。但能肯定的
是，一場認真的協商，目的始於避免、解決潛在
衝突的發生，或至少始於某種分裂的形式，而後
需要緩和與解決，最常見的例子如賣方與買方的
討價還價。

　　自拉圖早期的作品以來，就以兵法論的方式
來理解人與非人的關係，強調競爭、科學爭論、
利益衝突，如《科學在行動：怎樣在社會中跟隨
科學家和工程師》與《巴斯德的實驗室：細菌的
戰爭與和平》（Pasteur: guerre et paixdes microbes）
兩書，可說是他在科學社會學中的代表作。不過，
他的科學視野／科學社會學近乎於為衝突痴迷，
以及為衝突所支配，宛如科學領域不過是一個巨
大的戰爭領域。4

　　近年，拉圖參考美國氣候學家麥可•曼恩
（Michael Mann）「氣候戰爭」的經驗，[17] 並在德
國法學家施密特（Carl Schmitt）的敵人理論框架
下，強調氣候緊急狀態的論爭面向。[18] 若拉圖將
施密特的理論架構拉升至氣候變遷的討論層次，
不表示問題就會減少。雖然在拉圖眼裡，施密特
的觀點可用毒藥來形容，但在此拉圖只是點出施
密特為納粹主義中最主要法律家之一，並沒有討
論施密特思想上的「毒」需要退一步思考。在
2020 台北雙年展的開幕論壇，當彭保羅提到此問
題，拉圖的回答如下：

4　有關拉圖這方面的論述與
討論，可參閱 Schmigden
(2015)，頁 35-37。

你沒有辦法選擇你的戰爭，也不能選擇完全不去參

與任何一場戰爭，但你可以選擇你的敵人。除此之外，講到這個生態戰爭，其實我們人類本身已經是分裂的。我很希望能夠搭飛機來到台北，但是我的孫子會說：「不該做這麼不環保的事」，所以我們已經有分裂了。我們可以把這些問題簡化，但不去用施密特的理論來談的話，是我不同意的。在施密特的理論裡，我真正在意的是關於敵人的部分。而且，這是難以偵測的。因為它會跟其他憎恨、仇恨的形式混在一起。就像這次的展覽本身就是一個實驗，去探索誰是敵人、誰是朋友。[19]

　　這個分裂的概念，不僅體現在不同的參與者身上，也如實地體現在我們自己身上。由於修課的學生來自不同系所、年級與國家，因此在協商劇場正式開演前，我們內部就在「協商」了，相繼呼應我們在政大的演講、特別場的排演，以及「氣候足跡」命名的思辨過程。就在雙年展開幕的前一週，這個「自我分裂」的想法，進一步鼓勵我們將生態足跡計算器視為一種協商的輔具，以調和每個人都會面臨到各種相互矛盾的需求。由於這個特別場在性質上不同於其他幾場，在此，學生並不會扮演主導性的角色，但他們必須和其他參與者進行協商。也就是說，我們鼓勵學生視自身為協助的角色，引領參與者思考對於氣候關懷的承諾、每個人分攤到的責任義務，以及個人可能因家庭、工作的因素，必須食肉或搭乘飛機等，在環保實踐與兼顧家庭、社會生活，動輒得咎的雙重束縛之間，履行減碳上的兩難。

二、活動當天：每一次計算與協商互動

這天終於到來了，沒想到參與活動的民眾人數超乎預期！因此現場將氣候諮詢小組從三組增為五組，以利消化人流量。每一組皆準備不同的論述方式與民眾協商，有的組別籌備了不同主題的互動式簡報，在民眾計算完足跡後，能夠根據感興趣的主題與諮詢專員進一步討論；有的組別配合生態足跡計算器，將自己籌備的問題穿插在題目之間，一步步與民眾展開討論；有的組別則是期望與民眾有更流暢的互動方式，因此將計算器與進一步的問題包裝成故事，故事說完的同時，也完成了一次的計算與協商互動。

每一組學生與六至八批民眾進行協商，每批民眾一至五位，初步共計一百多位參與人次。參與者包括老師帶學生、年輕媽媽帶著國小女兒、中年夫妻帶著年長母親、朋友或情侶相約而來，以及獨自來看展的民眾。計算出的地球資源消耗

▶ 氣候諮詢小組的學生成員原本為三組，後來因應人潮增至五組。（彭保羅／提供）

量分布極廣，從 1.2 到 5.7 個地球皆有，當大多
數民眾得知自身結果時，不約而同地大感驚訝，
跟著追問後續的改善建議。

三、評論：以足跡計算器作為 STS 教育工具
的好處和限制

在學生的心得回饋裡，可以察覺足跡計算
器的教育性與侷限性。這計算器除了幫助我們
識別幾個重點碳排放源，也鼓勵自我反思，尤其
航空運輸所帶來的沉重負擔。的確，在所有交通
方式中，空中旅行列為溫室氣體排放量之首，每
位乘客的每公里排放量是火車的四十倍。2009
年，航空運輸工業部門承諾至 2050 年將其二氧
化碳排放量減少一半，但實際上，從過去三十年
至今，排放量已增加整整一倍。如果我們排除
COVID-19 的影響，以這種速度到了 2050 年，
航空業將占人類二氧化碳排放量的 9%。這大幅
增長的現象，始於 1980 和 1990 年代航空運輸的
爆炸性增長，以及 1995 年至 2014 年間機票價
格下跌一半，意味著空間的移動將觸及至更多不
同社會階級的人們，隨之帶來交通選擇上的自由
化與民主化。其實，這也出自航空公司的關說，
與設法規避國際航班的燃料附加稅有關，2021
年 1 月，聯合國終於推出了碳補償機制（Carbon
Offsetting and Reduction Scheme for International
Aviation, CORSIA），但該機制中對於碳稅補償金
額相對低廉，以及在 2027 年前為非強制規定。

其他「難以減碳」的行業為石化、水泥和鋼鐵產業，[20][21] 在計算器上並無直接處理這些行業的能源政策，但仍觸及到相關的問題，如房屋建材的選擇（水泥或混凝土等）、可再生能源在電力中所占百分比。目前在台灣，這一份額非常有限，約為台電提供的 6%。然而，不同國家的能源選擇差異甚鉅，「可再生能源」的定義亦如是。

由於疫情的關係，這次雙年展的外國遊客人數不多，不過學生還是有機會和幾位外國人互動，其中一位是三位策展人之一的馬汀。令人驚訝的是，他在核能議題上力表擁核，宛如法國版的「以核養綠！」在政大上課期間，多虧核廢料議題的協商劇場準備過程，讓我們有機會先行討論「以核養綠」的擁核運動是怎麼回事。事實上，有些學生並不反對核能，但可能沒有細想過其他國家也有類似的擁核意識形態。在技術與政治語境的結合下，法國菁英階層特別傾心於擁核論述，這種現象最早出現於 1950 年代。[22][23] 氣候危機為擁核行動者提供了另個發聲機會，而福島核災對他們來說只是暫時的阻礙。在法國，相關著名人物包括工程師吉恩－馬克・揚科維奇（Jean-Marc Jancovici），他是基進擁核者兼氣候變遷政策顧問。另一位在政府間氣候變化專門委員會（IPCC）科學工作組擔任副主席的冰川學家吉恩・朱澤爾（Jean Jouzel），對核能則持相當溫和的立場。 因此，出於對氣候的關注，像拉圖和馬汀這樣的法國菁英都會受到擁核立場的影響。

　　以上觀點使我們進一步反思，諸如足跡計算器的這類程式，其中的盲點和某些意識形態上的缺席，作為 STS 教學工具存在嚴重的侷限性。就足跡計算器的題目來看，其實過度重視個人的消費選擇，傾向鼓勵我們作出規範化和道德化的相應行為。對於一個協商劇場，學生必須學習角色扮演以及傳達知識的能力。不過，對於沒有特別訓練的民眾而言，參與辯論場合可能有些困難，因為只有那些具有話語權的人更敢於在眾人前發言。相較之下，氣候足跡工作坊因規模較小，使每一個人都有機會在相較友善的氛圍下，與彼此展開真誠的對話。

　　曼恩於 2021 年出版的新書 *The New Climate Wars*，提到 2000 年代中期第一個個人碳足跡計算器就是由英國石油公司（BP）大力推廣！（他在 2013 年 *The Hockey Stick and the Climate Wars: Dispatches from the Front Lines* 一書中也曾提過）這段話揭開了此書第四章的標題 "It's YOUR Fault"（這是「你」的錯！），內容探討這些工具與其他市場策略如何協助石化產業與他們的好朋友（如美國共和黨），轉移他們對全球暖化負起責任的注意力。

　　石油和石化業為全球排碳量的最大來源，而且在過去四十年，這些產業使用各種技倆，例如推廣個人足跡計算器，將全球暖化的後果轉嫁於個人身上，因此推遲了解決該問題所需的策略。此外，石化產業還試圖在關心氣候變遷的行

動者之間，挑起各種爭議，如環保茹素者批評吃肉的環保運動者，強調減少航空旅行的人批評搭飛機參加氣候變遷研討會者等。當我們正忙著計算自己的足跡，就不會細探石化工業的生意經。若我們無法即時覺醒，調整方向以避免發生巨大的氣候災難，那麼在我們撰寫本文的 2021 年，距 2050 年便只剩二十幾年。眞感謝英國石油、Texaco 等石油大公司啊！

自二十一世紀初以來，許多環保運動將氣候變遷作爲改變社會經濟制度的機會，[24][25] 有些運動強烈要求參與者必須言行一致，反發展（degrowth）、反浪費、食品行動主義等皆是如此。[26][27][28] 這些運動受到梭羅和甘地的影響，重視個人的模範和自我反省，但也有助於公共問題的個體化和政治商品化，皆爲非政治化的兩種形式。

因此，因環保運動衍伸出的各種樣態，從素食、有機、公平貿易到汽車或航空旅行重度使用者的羞恥感等，成爲企業擬定策略的利基市場，使一般民衆把焦點放在自身的消費行爲上，而不是著眼於石化產業的上游生產與排放，即問題的根源：像英國石油這樣大公司的市場策略，就是爲他們所做的一切進行「漂綠」（greenwashing）。也就是說，透過足跡計算器與其他市場策略，促使個人對生態風險、食農消費的倫理反思，落入新自由主義將責任個人化的陷阱，乍看之下成爲個人的道德問題，進一步煽動國家放棄對大公司控制與市場監管，並打消公共服務和社會團結方

面的投資和努力。因此，萬尹亮[29] 提出「另類食物運動」，鼓勵消費者了解食物體系、政策與生態的互動，從實作觀點看行動，讓行動者去界定食物的多元價值與實作組合，賦予購買新的意義與目的，並發展不同的工具設計市場，走出有別於現有市場邏輯的另類途徑。

最後，我們相信，只要能夠在活動開始之前，向學生們完善解釋足跡計算器背後的限制與共謀的可能性，我們的小型氣候足跡工作坊仍具潛力來討論氣候問題，並試圖更澈底地關注政策導向和集體行動。

（本文作者彭保羅為中央研究院社會學研究所副研究員、
鄭師豪為國立政治大學社會學系碩士，
協編郭育安為國立臺灣大學地理環境資源學系碩士）

▲ 特別場結束後，參與演出的學生和老師們合影。（彭保羅／提供）

才剛開始，一位老先生就拒絕做碳足跡測驗，他說：「我這一生的碳排放也不會比工廠的煙還多」，這對我們來說很震撼，啞口無言。比起排碳大戶來說，一般人的排碳量可能不算什麼，但長期累積下來，我們所減少的排碳量是足以改善地球現況的。在全球面臨氣候異常導致天災的情況下，身為地球村的一分子就應該付出努力來保護家園，而不是覺得無能為力就作罷。只是當下我們愣住了，沒能說服他，有點可惜，若有機會，我們倒想問問他平時的用塑習慣。

還好後來有五位阿姨對足跡計算測驗躍躍欲試。聊了一會後發現，她們皆有基本的環保概念，有一位阿姨願意為了更好的地球，買較貴的減塑商品，比如 PLA 植物塑膠的產品[5]（無塑或減塑商品價格較高的主因為尚未進入規模經濟，但我們也需思考：「PLA 是否真的如其廣告宣傳所說那麼環保？」）其他幾位阿姨則表示若不需要太大改變（犧牲）的話，也會落實節能減碳，執行減塑生活。她們說，在以前那個年代，都要

帶著油瓶從巷口走到巷尾，去小販或無包裝商店打油，自己準備容器去裝食物本是日常，但對我們這一代來說，現在去超市拿一瓶油就走了，造訪無包裝商店必須自帶容器，便成了麻煩事。想像阿姨們的童年歲月，也不過是幾十年前的景象，世界進步的速度真的很可怕。阿姨們也是唯一提供我們減塑選項的參與者，或許是思考下一代的生活，使她們重視永續生活。

面對減塑的阻力 —— 有位民眾向我們抱怨，無塑商品價位高於塑膠包裝者，自備環保餐盒還會占據包包空間，減塑生活成本過高。不過我們聽到時其實非常開心，因為這位民眾誠實表達減塑的困難，並有意願為解決方法開啟協商對話。我們的回應是：「那麼希望您聽完今天的分享，可以『選擇方便，也選擇健康』的減塑生活」。

理科男的疑問 —— 理科男對於自己測出 3.8 顆地球的結果時，並沒有感到太驚訝，但是問了一個好問題：「如果要讓結果控制在一顆地球內，該怎

5　PLA 為 Poly Lactic Acid 的縮寫，中文名為聚乳酸、玉米澱粉樹酯。主要原料來自於玉米、甜菜、小麥、甘藷等澱粉或醣份等，經過發酵、去水、聚合等過程製造而成，無毒性。雖然 PLA 是可以完全分解的聚合物，但若單單儲存於一般的大氣環境之下，PLA 是不會進行分解的，只有在具備充足的水氣（相對濕度 90% 以上）、氧氣及溫度（58~70 度）才會進行分解反應。因此若將 PLA 拿去回收，可能會影響泛用塑膠的回收系統，因為 PLA 熔點過低將會造成其他塑膠都無法回收再使用。[30]

麼做？」雖然這目標非常困難，據我們所知，要儘量符合三個條件：第一要吃素，第二不搭飛機且只搭乘大眾運輸工具，第三要完全使用節能家電，儘管想將結果限縮至一顆地球，與我們習以為常的生活相去甚遠，但若能一點一滴減少非必要的碳足跡，還是能夠為我們住的地球盡上一份心力，離「碳中和」這艱難目標更近一步。

碳足跡很高的環保藝術家？ —— 曾留學法國的男性藝術家，目前在台灣居家辦公中。他過去頻繁往返法國、台灣，因飛行時間長達十幾小時而生產較多的碳足跡。在他的生活圈中不乏以環保為創作主題的藝術家，但甚少結合公民參與的創作形式。他表示，若不能立即減少外帶食品，至少可多使用環保餐具。

「我們不是環保傳教士，而是協商新朋友 」 —— 在我們以工作人員的身分走進北美館前，原以為碳足跡這種環保議題不會引起太多人的興趣，預期參與活動的民眾將寥寥無幾，還很擔心我們準備那麼久，搞不好根本派不上用場。後來，人潮接踵而至，民眾參與相當踴躍而且很有想法，還會反問我們很多有趣的問題，活動快結束時，我們幾乎是累到可以一躺入睡的程度。至今仍記憶猶新的是，在我們分享最耗電的電器用品中，有一個是

電視機上盒，原因是民眾通常不會拔機上盒的插頭，而持續耗電。沒想到有一組參與者面露疑惑，因為他們早已習慣拔其插頭。我聽聞後驚訝無比，我以為不可能會有人注意到這個用電細節！在我們整個準備過程中，將小組的協商風格和展示形式更新了好幾次，起初試圖以引導為主，準備了專題簡報和各類數據，而最後決定把資料內化於心，開啓輕鬆自由的聊天模式，這些都讓我們對「與民眾對話」有了更多的嘗試與實作。

本次活動給我們的重要收穫是，如何把專業知識「轉譯」為平易近人的語言，如何把嚴肅的數據和政策訊息，對應到生活的各種細節，比如「升溫會導致啤酒漲價」、「可樂的排碳量低於高粱酒」等等。以下分享我們與民眾溝通時的撇步：

(1) 將題目本土化。當民眾答題時面露困惑，要即時為其解釋題意，並將題目的情境本土化。測試題裡有很多籠統的概念，且其原版來自國外，因此在本土化台灣情境的同時，也須加上轉化敘事的語言，比如「您的房屋建材是什麼？」我們解釋：「這題的選項從茅草竹子、木材、磚塊到鋼筋，排碳量會越來越高，台灣一般非平房式的房子中都含有鋼筋。」在問及房屋大小時，我們也會主動說明：「房

屋的大小會影響到冷氣的使用效率，房屋越大，冷氣要開得更足。所以這題是想通過面積來估算您住房的能源使用效率。」

(2) 具體化與舉例。若直接問民眾：「您吃的食物中有多少是未經加工和包裝的？」對方可能會愣住，於是我們舉例：「如果您經常去傳統菜市場買食物，買到加工和過度包裝食物的頻率是遠低於去超市的。」「如果您常買進口食品，比如紅酒、巧克力等，這些加工和包裝較多。」

(3) 偶爾使用數據。數字對於民眾並不是完全無感且枯燥的，當我們告訴民眾「台灣有三分之一的空調是老舊空調」時，他們也感到非常驚訝。

(4) 多樣的交流方式。參與的民眾來自不同學科與各行各業，知識背景也不同，因此在分析結果後，我們也會問他們有沒有關注的相關議題，或是在測試過程觀察到他們對某些現象很有想法，藉此展開更深的交流。

碳足跡並非遙不可及的概念，攸關的不僅是國家或團體，更可能在潛移默化中影響至個人。「轉譯」是理解和協商的重要條件，我們想，未來也需要在更多具體的實踐中不斷探討！

（賴元平、袁晨曦、葉芷琳、林安、賴又禎／政大創新國際學院學生）

學生回饋 2

外送的足跡呢？ —— 足跡計算器受測結果為「2.4 顆地球」的男子，面露驚訝且不滿意，積極地與我們討論是什麼原因構成這麼高的生態足跡，期望自己的數字能夠再降低。一同前來的女性友人問，若受試者本身有叫外送的習慣，是否該將外送員外送的里程數加入受試者本身騎機車的距離才合理？另外他們也主動提出，他們是受到另外一個非常環保的朋友影響，因而改變了生活方式。

以健康為出發點 —— 有位約四十歲男子的測驗結果為一年消耗「1.6 顆地球」，已經是當天參與的民眾中行動最符合環保的人了。不過他也說，自己其實不是那麼在意減塑行動，反而是以健康為出發點，剛好提升了環保價值。的確，從他的言談中可以知道他對氣候變遷的議題保持開放態度。我感覺他的立場是流動的，透過多方接收到的資訊建構所謂的主觀是他消化議題的方式。

必須吃牛肉的環保媽媽 —— 這位媽媽提到前幾年曾經嘗試不吃牛肉，因為她覺得吃牛肉很不環保。然而，持續兩年後她出現嚴重貧血的症狀，醫生

建議她吃牛肉可以改善。這樣的狀況是我從來沒有想過的，原來有時候做環保也有力不從心的時候。我身邊關心環保議題的人大多是專業的環保人士或是學術相關，許多長輩不是很在乎，所以我們後來問這位媽媽怎麼會開始留意到環保，她說是因為家中的小孩把在學校學到的環保概念帶給全家。證實教育真的可以改變並且有極高的影響力，我想若從教育開始著手提高社會的環保意識並非不可能。

台北雙年展策展人的 5.7 顆地球！——來自法國的馬汀，這兩年為了準備雙年展必須常常搭飛機到台灣。他以植樹造林的計畫來作為補償。馬汀認為核能為再生能源，因為在發電過程中核能是「零碳排」的乾淨能源。因此在回答「家中有多少電力是來自再生能源？」時，他的答案是50%，因為法國至少 50% 的電力來自核能。另外，雖然他長時間搭乘飛機來往各個國家因此碳足跡居高不下，但他其他生活方式都是偏向可以降低碳足跡的作為。他也建議大家可以自備購物袋到傳統市場買菜，如此就可以減少很多一次性塑膠袋的使用。

在測驗前，我們會先問民眾：「你覺得你的生活方式環保嗎？」通常會得到一個還算肯定的答案，但最後卻發現民眾測驗的結果與他自身想像有一定程度的落差，我們認為這就是問題所在。很多人其實有心為地球盡一份心力，也對自己的環保作為感到自豪，但他們並不完全知道哪些行為會造成較高的生態足跡，像是吃肉、家中電器的節能效率等，就是常常會被忽略的部分，這就是〈你我與氣候足跡〉活動存在的重要性。

當我們提及垃圾袋，大部分民眾會有：「好！那我以後開始用環保袋」的反應，但要說服民眾換汽機車並非那麼容易，更不用說換油電混合車，頂多只能多多推薦他們搭大眾運輸工具。「我們可以選擇方便，那我們為什麼不能選擇環保？」

此活動透過小遊戲產生一個專屬於個人的結果，引發受試者的興趣，也在過程中讓我們扮演協商者，將過去民眾可能從未注意到的行為，用輕鬆的問答方式去傳遞。由於與民眾自身的生活經驗結合，能使他們留下更加深刻的印象，而且到這個場域來進行測驗的民眾，應該多少都已對環境議題有所關心，因此我們也很期待他們在未來發揮自身的影響力，在減碳目標的實現上有更多人的參與。

（金韶顯（Amber Kim）、劉子寧、王渝安、王顥臻 / 政大創新國際學院學生）

可能是此次活動的場地為寸土寸金的台北市，普遍家戶的面積都在一百平方公尺（三十坪）上下，除了居住面積大小影響碳排放之外，「屋齡」對於整體節能有很大的關係，也會受使用建材、設計、配線等等影響。我們這組遇到的一位受測者住家屋齡不算年輕，但是選擇冰箱、冷氣等大型家電都會購買附有節能標章的型號（受訪者強調冰箱買1級的節能冰箱）。政府這幾年推出許多節能家電補助措施，家電每台可以退稅五百至二千元不等，提供民眾不少換機誘因，且確實更省電也更省錢。

在台北生活，如果沒有駕照，平時多是以捷運及公車代步。我想，若今天是在中南部進行訪談，民眾對於交通的選擇，或是考慮的面向，就會有地域性的差別。其實台北和新北市已有蠻大的差別。另位受測者為基隆人，常常要去大眾運輸沒辦法到達的地方，所以有騎車或開車的需要。而台北市因為有足夠完善的公車及捷運系統，可以大幅降低個人的碳足跡。若在台北自駕，反而停車位難找，停車費用也高。

還有一對測驗結果出現只需要「1.2顆地球」卻依然懊惱的母女，儘管她們已是當日遇到的民眾中，消耗地球數量最少的，但還是很懊惱為何沒辦法控制在一顆地球以下。我們很驚訝這位媽媽對環保的深刻理解與落實，而且注重孩子在這方面的教育，同時觀察社會現況，提出台灣在能源上的根本問題。

我們進一步瞭解「1.2顆地球，怎麼辦到的？」原來在飲食方面，這位媽媽將女兒送到一個吃素的幼兒園。在能源使用的部分，受測者平時有注意能源相關新聞，並關心再生能源的困境，也很在乎一般人除了拔插頭來節能，還能再做些什麼，她知道台灣的電力問題是整個經濟結構、產業的問題。以風力發電為例，台灣訂購原廠的風機，在需要維修時，也意味著需要請國外的技術人員維修，而又因為疫情難以調動，使得有些待維修的風機是閒置狀態。這個部分我們組員向她介紹「陽光伏特家」，希望透過非台電的組織讓台灣的電力結構有所改善，也提到現下一般大眾能做的就是積極溝通、進行公民參與。最後則是垃圾處理，這也是在她的填答中占據消耗地球的指數較高的。

這位媽媽的道德感很重，甚至每次買塑膠罐裝的豆漿都會很懊惱，但現實層面時常又難以避免，除非都是自己親手製作食物。但偶爾會想嘗試外食，加上平時繁忙，難以全面落實無塑生活。她嚮往美國的無垃圾媽媽，希望

可以達到零垃圾的生活模式。關於這方面，我們有進一步討論到無包裝超市，顧客會自行攜帶容器去超市購買零售產品。

另一位受測者是北美館志工，三十二歲男性台北人，打扮看起來很文青，而我們常將文青與生活簡約、蔬食餐廳、悠遊卡等關鍵字劃上等號。這種想像導致我們跟他聊天前，就先入為主地認為他應該很有潛力把結果控制在一顆地球內。他主要在家裡吃早、晚餐，較少吃肉，且在肉類選擇上以豬肉為主，牛羊並非首選，符合台灣家常菜的肉類食材選擇。在聊天的過程中，我們建議他每週可以選擇幾天吃蔬食，若堅持每日必須補充肉類，則可以考慮家禽或是海鮮交替，海鮮可以選擇養殖或是食物鏈底層的食材，對生態影響較小。

我們本以為這位受測者會有較遠的超載日，結果在航空部分，因為他有日本旅遊的習慣，所以每年約有三至四小時在搭乘飛機。雖然僅有短短的時間，但飛行所製造出的二氧化碳導致一個人的碳排放急劇上升。儘管近兩年因新冠疫情，全球航運量大減，但我們擔心的是，疫情過後各國政府會不會為了刺激旅遊業而忽略減碳、綠色旅遊的目標。

以這種協商對話的形式呈現給一般民眾的方式真的很酷，尤其在對話中我們也會發現自己有些盲點，對於絕大多數的台灣人來說，耗用兩個地球年度資源以下的生活是難以想像的，尤其是在活動中有一位熱衷於環保的女士（只用了 2.7 個地球年度資源）問起我們，要如何才能往減碳更進一步的時候，我們小組的人都愣了一下，好像我們也從來沒有思考過，如果從這樣的角度出發，我們的生活到底會長成什麼樣子？更有甚者，我們也不能完全說服自己，放棄原有的舒適、方便，進入一個更加環保但「相對刻苦」的新生活模式，這在資本主義盛行的現代社會中是一件絕難的事情。

在活動中，我們還遇到了一位綠色和平（Greenpeace）的工作者，她的資源耗用其實和一般人沒有太大的差別，可是在深入訪問後就會發現，其實她所耗用的多半都是在世界各地訪問，為環境保護盡心盡力，這也提醒了我們，最可怕的莫過於不知不覺的將資源耗盡。如果在每次行為的當下是有意識的，或許就可以和環境更加貼近一點。至少透過每次行為的覺察，向著這個目標一步步的邁進。

我們以為，政府由上而下的管制和宣導是必要的，像是 2030 年全面禁塑政策（但在政策宣導上成效似乎不顯著）。

以往我們與人對話較著重於價值觀的討論──以前習慣問「為什麼」，這門課要思考「做什麼」。而地球足跡計算器是個很具體的工具，提供了行動的參考方向。在不斷檢視群眾的生活的同時，我們也在檢視自己。個體的力量雖微薄，公民行動長期累積的力量仍指日可待。

（許玉昕、張紫瑄、林承漢／
政大創新國際學院學生）

附件 1 「人類世與地緣政治學」課程簡介

國立政治大學創新國際學院（ICI）2020 年 9 月 -2021 年 1 月

授課老師：彭保羅、楊智元

自 1970 年代以來，社會科學經歷了一次「環境轉向」，許多學者試圖改編其理論和方法論工具，以更好地應對日益增長的環境危機，增加理解。環境問題和政治問題是社會科學與 STS 研究的重要課題，不僅因為現代社會面臨著環境問題的緊迫性，而且因為對「環境」的社會研究也開啓了高度相互聯繫的社會、文化、政治爭議的結叢，這包含互相競逐的專業知識、社會組織、朝向進步的概念、現代性、民主內自由與公平正義的爭論。此外，本課程的重點在於探討一個正在發生當中的轉向，亦即「地球體轉向」（planetary turn）。人類世的出現，代表著人類總體對地球系統的累積影響至今已經超過了關鍵地質力量的影響，因此此人類已成為地質或地球物理變遷的主要推動力量之一。地球已離開全新世時代並進入一個新的地質時代，而其尚未明確之時代特徵正是這堂課想要去發掘與探討的。這不僅使人文與社會科學處於了解地球命運之任務的中心位置，而且還挑戰社會科學家去設想大尺度的環境政治如何與藝術展演相互結合。

在課程的下半部分，我們將移至台北市立美術館。繼法國 STS 學者布魯諾・拉圖的高度影響力的著作如《自然的政治》、《面對蓋婭》及《著陸何處？》，繼而上一屆雙年展的主題「後自然」，2020 年雙年展將致力於探討世界面臨的劇烈生態危

機。北美館邀請拉圖和專業策展人馬汀・圭納擔任於 2020 年 11 月至次年 4 月舉行的台北雙年展策展人。他們與台灣本地的學者合作，來開展北美館公眾教育活動，其中兩項是「協商劇場」與「地球足跡小屋」。本課程將與他校的 STS（科技與社會研究）成員共同組織一系列的活動，修課學生將擔當幾週的展演主角與第一手的觀察者，展演的議題是在台灣已經爭議許久，科技爭議研究上的經典案例之核廢料處置，以及在未來會越來越急迫的氣候緊急議題。

課程目標與學習成效：

- 將協助學生由社會科學的觀點來探討環境保護、科技知識與制度實作如何透過種種不同的樣態、形式而使得其成為可能。解釋環境保護的理論與實作，如何介入與轉變了既有的自然與人類社會間關係，特別是透過哪些物質、空間、政治與倫理上的思考。

- 將引導學生認識晚近持續進行中的轉向：人類世，去瞭解人類行為正如何根深柢固地改變我們所居住的地球系統，從而使地球進入了新的地質時代。

- 將思考藝術展演與審議活動、社會科學研究結合的可能性，透過與科技與社會研究成員的合作，到台北市立美術館參與「協商劇場」與「地球足跡小屋」的展演，來培訓面對有關科技爭議性話題的辯論和談判技巧，並從中學習如何探索爭議的內涵以及如何找到暫時性可接受的安置方法。

「協商劇場」在北美館

迴響

來自展演現場的第一手觀察

在協商中挖掘公共性

房思宏

被遺忘的聲音

時間拉回到好幾年前，在台灣社會對離岸風電還相當陌生的年代，一場在海邊舉行的小型座談會中，室外不遠處可見已經成為觀光景點的陸域風機，室內則是激昂而近乎沸騰的討論，為風機所苦的地方居民提出「以一支（離岸風機）換一支（陸域風機）」這種看似天馬行空的提議。與會的居民甚至拒絕在簽到單上簽名，擔心這畫押是不是又會出賣了什麼屬於他們的東西。

在另一個也是新能源科技的地方溝通座談上，台上的講者自認只要以當地人使用的語言進行簡報，就能讓居民掌握生硬的技術內容，並進一步支持該項能源的發展計劃，然而後續居民一連串的提問，卻讓講者完全無法回應。有居民指出，地方幾十年來已經有垃圾掩埋場、高壓電塔、高鐵軌道，「經過這三害，從來沒有好東西到這偏鄉來，因此這個要引進的新能源科技，絕不可能是什麼好東西」。儘管這兩個現場討論的主題不同，但相同的是，從在地居民與團體間感受到的，滿滿的憤怒、懷疑及不信任。上述第二個現

場中不信任感的來源，甚且與現場所欲討論的主題毫無關聯（真是如此嗎？）

這類情緒滿溢的語言，本就很難進入公共討論中，也很難開展什麼有意義的對話。而習慣這些語言的利害關係人（邊緣族群），更是鮮有機會進入公眾的視野中。如果當時有個類似協商劇場的機制，能讓居民們進入不同角色中演練模擬，讓不同聲音有機會被聽見，我們能有較理想的公共討論嗎？

前幾年筆者參加一場離岸風電的會議，在會後與開發廠商的閒聊中，隨口問了開發單位如何看待白海豚，廠商露出一抹微笑後的回應是：「白海豚？這個再過幾年就不會是問題了。」然而在任何公開的報告與資訊中，都只會看到開發者展現對白海豚的用心與體諒，但真正的利害關係「者」──白海豚，有機會進入到公共討論的場域中為自己發聲嗎？〈離岸風電進行式〉的協商劇場，卻讓這樣的奇想變成可能。

不過，我們可以繼續追問，白海豚該如何為自己的立場定位？即使讓白海豚進到離岸風電的公共討論中，但同樣是反對離岸開發的這方，保育團體與漁民團體對白海豚的態度是大相逕庭，究竟是瀕臨絕種的重要生物，還是與漁民爭奪漁獲的惡獸？那麼，就算讓白海豚以非人角色進到協商劇場中，又該以何種形象呈現，並面對其他同樣進入劇場的人與非人關係者？

　　而白海豚生活的這片海洋，能否也該加入這協商劇場一起對話？如果可以的話，這片廣袤無垠的海又該以何種姿態呈現？畢竟在另一場〈核廢的未知數〉的協商劇場中，北海岸土地也是加入討論的重要關係者。此時筆者不禁想起一位漁會代表曾說：「幾百年來，海都是我們的。」這看似協調空間無可退讓，在加入其他海洋使用者的觀點後，能否會帶來些刺激與改變？

　　如果「海」能參與劇場的協商討論，那「風」似乎也不該缺席。畢竟是先有了強烈的東北季風，使台灣海峽得以成為國際優良風場，才有後續離岸風電的爭議討論。支持與反對離岸風電的各方，總是時時盯著儀器傳回來的風速數據，作為持續交戰的素材。風電之外，由南吹到彰化大城鄉的風，可以帶出在地反思／視六輕汙染的視角，而轉動風機葉片的強烈東北季風，同時帶來包括沙塵暴在內的境外汙染，這些看不見的風因而極度牽動再生能源、能源轉型中的空污論戰方向，甚或宏觀地以能源轉型視角觀之，核廢料的協商與離岸風電的協商似乎也無法清楚切割。

對等協商的烏托邦

　　上述這些發想與提問，是筆者參加 2020 台北雙年展《你我不住在同一星球上》（You and I Don't Live on the Same Planet）兩場協商劇場（離岸風電與核廢料）時，心中不時湧出的問題。劇場模擬換

位思考的方式於不同領域與議題中均可見相關應用，比方說政治學相關科系中會採取的模擬聯合國會議。這類模擬會議的目標之一，在於讓參加者能進入不同角色的情境中，掌握不同角色的脈絡，透過換位思考以追求一定程度協商與共識的可能。然而國際談判的崎嶇轉折，往往發生在鎂光燈無法照到的角落，特定人物如何應用難以量化直說的影響力／魅力／權力於關鍵時刻，是相當難以模擬再現的。

除此之外，過往這類模擬協商的設計，往往僅聚焦於人類行動者，忽略了其實仍有許多非人行動者影響著社會互動的開展，比方說 1960 年代美國太空總署由外太空拍攝的地球照片，讓居住於不同疆界國家的人們，在觀看照片時產生全球一體感，進而推動許多全球環境政治、運動的開展。這個社會政治進程的背後，有太空科技、攝影技術，乃至全球訊息流通等科技的影響，非人的因素與人類社會的互動一樣重要。

台北雙年展之公眾計畫因而納入策展人之一布魯諾・拉圖長期以來對非人行動者的關注，讓非人者進入協商的場域中，由公眾計畫的策展人林怡華設計協商劇場。一如拉圖所主張的，非人行動者有其權利及能動性，可組成「物的議會」，並在與人類行動者的互動中影響社會行動，因此在離岸風電與核廢料的兩場劇場裡，除了傳統的漁會、開發商、台電等行動者外，也加入了白海豚、候鳥、經濟魚類、核廢料、北海岸土地等同

樣被捲入這些社會爭議的非人行動者。

然而非人行動者本不在人類社會交織形成的權力網絡，其可能展現之權力或影響力，也多半透過人類行動的中介而成形（乃至衰敗），一如在反國光石化抗爭中，白海豚而至媽祖魚的形象轉變，其權力基礎是空虛且不穩固的。只是要在劇場模擬展演中細緻勾勒各個行動者間的權力關係並不是容易的事情，因此策展人林怡華試圖展現的是個「協商的烏托邦」，假設參與協商的各方權力基本對等。或許也只有在這種基本平等的假定下，不同的聲音才得以被聆聽，也才得以一步步地開展協商，往共識邁進。

給未來協商劇場的備忘錄

台北雙年展是對公眾開放的，協商劇場也邀請許多參與相關議題的人們到場，對有些利害關係人來說，這些議題帶來的創傷深刻銘記在他們的生命，因而不容易直接進入策展人設定的協商烏托邦情境中，像是筆者參加的離岸風電與核廢料兩場，均有利害關係人提出質疑。對於未來有志採用協商劇場設計融入教學或議題討論的人來說，必須認識到這些質疑的重點，並不在於參與協商者是否能神入所扮演的角色——現場演出儘管難以完美，但透過劇場準備階段廣泛地訪談調查與文獻閱讀，仍屬於可克服的問題，然而當下需要注意且更重要的課題是「如何在協商劇場處

理無所不在的權力關係」，在劇場展演過程中權力關係或可暫時放下。未來的劇場規劃者必須體認，現身／現聲的權利並不會自動轉化為（有形／無形）設定議程、主導協商方向與結論的諸樣權力。即使暫時放下權力這個同樣難以清楚界定的概念，湯瑪斯・休斯（Thomas Hughes）針對大型科技系統（large technical/technological systems）的研究所指出的科技動量（technological momentum）概念，也能讓我們看到作為非人的科技系統，因其科技成熟程度、發展時間長短等因素，同樣會對社會認同、政策發展帶來不一的影響。

　　未來的劇場規劃者可根據劇場展演的不同情境，妥善處理進入協商諸多成員彼此間的權利與權力議題，也必須進一步思考劇場所欲面對的對象，這將有助更妥善地完善劇場內外交流的設計。2020 台北雙年展的協商劇場，在讓一般參觀民眾能有機會進一步認識這些社會爭議議題的發展與轉折，或是讓進入劇場者能夠有機會更深入認識不同觀點的生成脈絡等這幾個面向來說，仍然滿足了其教育面向的功能。不過，劇場若打算邀請外部參觀者，則必須讓觀者能進入劇場設定的情境，讓即使曾在議題中深深受傷的人們，都有機會暫時沉澱思考那或許不可得的協商共識，究竟將落腳何方。

　　此外，若要激起更多公共討論，並讓公眾視野能投注在那些非人行動者上，進而反思種種社會形構與物件、生物、自然間的關係，就勢必得

更深刻地反思劇場設計，擴大劇場內外的開放與流動性，並思考一個非協商、無協商、去協商之可能，藉此讓參與者與觀者均能看見權力的作用與不作用，是如何在人與非人網絡間交織流動。

回到這次台北雙年展的協商劇場，另一個筆者覺得可惜的地方，是筆者參加的兩場劇場中，非人行動者多集中在自然物而非科技物，即使是表現搶眼的核廢料，劇場模擬時也缺乏對其技術特性、細節的更多描述。在兩場環繞科技爭議而開的劇場中，卻不見太多科技物的發聲，著實讓這行動者網絡缺了一大塊。測風塔、風機基座、葉片、海上船隻、海上陸上變電站、電纜、電網、核電廠內的燃料池、用過的燃料棒、乾式儲存槽等諸多科技物件，都是串連起這網絡的重要元素，也各自透過物件設計或其特質成為動量各異的非人行動者。未來有意以協商劇場模式投入教學、議題推廣、社會對話的人們，可以考慮納入更多科技物進入協商中。

整體來說，協商劇場的設計仍充滿各種開啟對話的潛力，協商並不總能順利發展，但面對挑動許多社會力的爭議議題，確實需要讓各個結構行動者之間的協商能更有機會開展，不論在劇場或現實社會均是如此。期待未來能有更多的人投入協商劇場各層面的設計，讓這躁動的社會有機會多認識一些被忽略的行動者，多感染一些對等協商的文化。

（本文作者為國立臺灣大學創新設計學院博士後研究員）

助孕科技使用與規範的地景藍圖：台灣的 STS 教學、倡議與協商劇場

謝新誼

　　生殖科技的發展和使用，不僅協助孕育更多的生命，也與眾多行動者一同開展出複雜的社會技術關係。台灣《人工生殖法》的制定是希望透過管制科技來保障在社會技術關係中各方行動者的權利與權益，避免因為科技的使用造成社會不平等的後果。然而，法令不僅是管制了科技，也規範了其餘的行動者——從施術者、諮詢師、使用者到非人的生殖細胞和數據資料庫。規範與管制的背後，反映出特定時空下國家版本的理想家庭型態、醫療照護體系與公眾溝通模式。在 2020 台北雙年展的「協商劇場」規劃中，人工生殖科技的法定使用資格及公益法人精子銀行，由臺大社會學系吳嘉苓教授帶領的學生團隊，以模擬公聽會和籌備會的演出形式，在北美館展開討論。

排除與納入：協商助孕科技使用資格與公聽會代表資格的 STS 協商

　　模擬公聽會的主題是修訂台灣人工生殖科技的法令使用資格。在扮演立法委員的會議主持人

帶領下，觀眾跟隨著各行動者勾勒出《人工生殖法》使用者規範的理想藍圖，跨越生理的身體關係、充滿諮詢照護和技術實作的診間、大數據的資料庫空間、親密關係與家庭結構，一路到地球環境生態的尺度。劇中設計的陳韋宏立委一角，提出擴大《人工生殖法》中同性伴侶及單身女性使用權的修法，並邀請多方行動者出席表達意見和討論，這是本場協商劇場前半場的劇本設定。在演出中，主辦公聽會的立委團隊首先以簡報的形式，讓在場觀眾了解台灣人工生殖技術和法律之間交疊纏繞的沿革歷史。

台灣在 1985 年首位試管嬰兒誕生後隔年發布行政命令，限制唯有已婚不孕夫妻才得以使用人工生殖技術，直到 2007 年，政府才正式頒布《人工生殖法》，但技術使用者的範圍並未改變。立委與性別運動團體嘗試在 2013 年提案修法納入單身女性及非異性戀配偶為合法受試者，但仍未成功。然而面對 2019 年台灣同性婚姻合法化，助孕科技的使用規範是否需要相應地調整擴大？既有法令規範助孕科技為已婚不孕夫妻使用的資格限定，究竟是確保人工生殖科技得已妥善運用，亦或剝奪了異性戀體制之外，其餘社會群體使用助孕科技的權利？各方行動者在這場公聽會上表述說明自身旨趣（interests），傳達對於既有技術和法令框架下的意見與修法的態度。包含了單身族群、同志權益、宗教及傳統價值、環保意識、生殖醫學會、精子銀行籌備會和英國生育與

胚胎監管局（HFEA）一系列社會團體代言人，以及有機體的精子、卵子、受精卵，和技術物人工生殖數據資料庫的非人行動者。

人類行動者的立場光譜：助孕科技亦協助打造理想的家庭願景與婚姻制度

回顧公聽會上的發言，部分人類行動者支持或反對擴大人工生殖技術使用範圍的立場，源自於對家庭婚姻制度的價值光譜差異。相較於宗教團體捍衛家庭倫理傳統、堅持助孕科技不得與異性戀婚姻制度脫勾，同志及單身女性代表則引用實證研究說明多元成家並不會對兒童發展造成負面的影響，單親、隔代、同性伴侶組成的家庭，只要準備充分，都可以提供和傳統家庭一樣的關懷與愛，因此不應剝奪其使用助孕科技的權利。同志和單身代表也利用自身或社群共享的經驗為例，說明現行的法令限制迫使有需求者必須遠赴海外求診，承擔高額費用和施術風險，經濟條件不足以負擔海外施術者，將因此更被排除在使用助孕科技的範圍之外。而在提供助孕技術醫療的這一端，醫師和諮詢師對於使用者的資格條件又有不同考量。

醫界代表強調，雖然台灣的助孕技術已相當成熟，但由於法令的限制，以至於醫界無法提供同志伴侶和單身女性診療服務，其發言對於家庭價值和婚姻制度改革的立場，並未多加著墨，而是試圖超然於《人工生殖法》所鑲嵌的社會價值

衝撞之上。諮詢師的發言則是從自身專業及胎兒
權益出發，強調助孕科技的使用者資格應該建立
在充分的身心準備上，與是否在異性戀婚姻關係
內無關。醫療社群這種專業先行、擱置價值爭議
不談的說法，實際上也是將助孕科技與傳統家庭
價值脫勾，不將異性戀婚姻身分視爲使用者必要
的身分條件。

生殖細胞、數位資料庫與藍星：助孕科技爭議中的非人行動者

　　與眞實世界裡的立法公聽會不同，協商劇
場讓「非人行動者」出場現身說法。在演出中，
有機的生殖細胞和數位的人工生殖資料庫雖是由
人類擔當演出，但此舉並非爲了製造擬人化的戲
劇效果，也不在賦予精卵們如歷史社會學定義下
的人類能動性（human agency）。[1] 爭議的歷程與
何以走至目前局面，非人行動者參與其中發揮作
用，但不是意圖（intention）、決策（decision）、
行動（action）和控制（control）導向。爲了釐清助
孕科技使用規範的爭議，協商劇場旨在刻畫非人
行動者在爭議過程中的狀態。正如 John Law 和
Annemarie Mol（2008）的提醒，我們應該避免套
用啓蒙理性的預設，而是盡可能地細緻描繪非人
行動者的活動，以及其如何經常以非預期的方式
影響歷史的走向。[2]

　　在公聽會上，人工生殖資料庫與眾家生殖細

胞都和人類行動者擁有相同的發言時間和機會表達對於擴大《人工生殖法》使用對象範圍的意見。一顆受精卵在台上向聽眾娓娓道來，它乃因不符合法令規定得遠赴東南亞求診的台灣單身女性而誕生，療程中幾次受孕失敗和流產失去了數個受精卵夥伴，即便自己成功著床，然而返台路迢迢，亦是百般折騰，成為一顆「受驚的受精卵」。這些海外醫療的風險皆非必然，修改《人工生殖法》使用者規範便能讓民眾待在台灣受術。另一位非人行動者——人工生殖資料庫則是提醒修法可以參考數十年來累積登錄在其身上，卻總是被忽略的施術資料和受術者情報。利用實證資料建立規範，能確保使用者範圍修定後受術者和胎兒權益後仍受保障。受精（驚）卵和生殖資料庫的自白，提醒了我們在人工生殖技術療程中重要卻常被擱置不論的非人行動者，有助於我們規劃助孕科技的使用者範圍和設計因應的法令保障。

　　公聽會現場還有環保團體代表，嘗試將討論提升到地球環境的層級，把助孕科技看作是人類自私的行為，不顧製造更多生命將對地球的未來帶來更大的負擔。這不禁讓人聯想起近年來跨越學科領域的「人類世」概念，如何激起科學研究和環境倫理兩個層面的廣泛辯論。[3][4] 照護藍星這個環保團體的發言人在倫理面上與人類世所持的立場相似，提醒這些人工生殖科技活動和使用，除了考量人群社會類屬的界線劃定之外，也應該納入對於其他物種、非人及生態環境的可能

影響。因為人類的活動和足跡亦是打造地景、地質和生態環境的關鍵因素,我們需要避免本質化「自然」,或將自然與文化／社會視為二分對立。然而在聽完精子、卵子自我剖析在人類生殖及助孕科技中的角色後,不免讓人好奇為什麼不直接安排非人行動者「藍星」本人現身說法?但正是透過照護藍星組織的演出,我們看見一種人類中心式的環保論點,將地球刻畫成脆弱、被動的、需要人類「保護」的星球,這反而可能讓我們忽略在人類活動之外,地球本身的能量,以及地球和其他物種之間的關係。

生育年齡、社會改革與瀕危物種:行動者立場奠基於不同的主觀時間感受

綜觀上半場的公聽會討論,許多關於使用者範圍擴大的意見都彰顯出各別行動者面對人工生殖法令和科技時所體現(embodied)的主觀時間感受;主觀時間感受的差異,也影響行動者如何定義修法的急迫與否。虛構的王淑芬一角演出了當代台灣未婚女性面對生育年齡增長的迫切焦慮;非人行動者的卵子代表則以「一期一會」精確描繪卵子細胞和生理女性身體之間的關係,而助孕科技使用範圍的開放能協助緩解女性在平衡事業、尋覓伴侶的同時,還必須追趕生育時效的急迫性。而以宗教團體為首反對修法的立場,則是反映出社會上信仰保守價值的社群,感到傳統家庭合法性在社會改革的時間流動中頻頻遭到挑戰

的焦慮。環團代表認為人工生殖科技應更關切培育人類之外瀕危物種的觀點，也出自於環境生態問題緊迫，需要即刻獲得正視的憂心。眾家行動者因著當下的不同情境產生類似的時間急迫感，激起了這場模擬公聽會討論的熱烈火花。

觀眾加入協商過程：台灣首座公益法人精子銀行籌備會的命名與規劃

下半場的協商劇場帶領觀眾望向未來──我們如何打造台灣第一個公益法人精子銀行？早在 2007 年通過的《人工生殖法》中規定，除了醫療機構以外，公益法人得申請成立俗稱的精子銀行；然而，迄今台灣仍不見這類辦理精子捐贈、儲存及提取的非營利機構。有鑒於台灣助孕科技可能即將開放女同志及單身女性合法使用，對於捐贈精子的需求將明顯提高，因此，如何能夠提高民眾的捐精意願、費用制定的原則、使用資格的優先順序，以及是否要改變現階段捐贈者匿名的規定，是這場籌備會的四大議案。

相較於模擬公聽會上各方迫切針鋒相對的交流，下半場的籌備會更像是一場百納各界對公益法人精子銀行願景的規劃協商。行動者提出了借助現行生殖資料庫記錄，可以放寬活產一次的資格限制，也可以重新設計哪些個人資訊公開或保密是符合倫理又保障胎兒、捐贈及受術者三方權益。也有行動者提出增建如捐血車一樣的移動捐精諮詢車，讓民眾更有機會認識公益法人精子銀

行；或是提高營養費津貼，促進捐贈者意願。在使用資格排序的討論中，大多與會者均認同應該擴大使用者範圍（單身及女同志族群），並考量使用者的社經條件，讓公益法人精子銀行的服務避免再製階級及性別的不平等交織。接著籌備會也開放在場觀眾集思廣益替機構命名，最後由在場民眾提出的「養樂多」獲得最高票。這個名稱反映出民間對於精子銀行的角色期待，應是協助準備充分民眾取得助孕科技，不以性取向或任何形式歧視使用者、促進台灣生育平權的社會公益性質平台。

協商劇場能否促進科技爭議討論的民主化？

〈助孕科技〉的公聽會演出企圖讓觀眾正視眼前的爭議並非憑空出現，而是鑲嵌在科技與社會相互生成的歷史過程中。然而這個歷史過程如何更細緻的展演，也許是單次性的協商劇場之侷限。在〈助孕科技〉的劇本內，除了環保團體代言人，如果能加入長期關心《人工生殖法》修訂的婦女或性別團體代表，也許能夠更佳捕捉並協助觀眾釐清各項助孕科技在台灣三十多年來的爭議軌跡及差異。相較於制度化的體外人工授精技術，代理孕母在台灣社會中的討論聲量似乎更大，公部門與學界也曾在 2004 和 2012 年針對推動代孕制度共同召開兩次審議民主會議。在本場次演出後的現場提問，相對於本次聚焦在人工授精制度修法層次（使用者範圍的擴大與否）的倡議，

有一些觀眾反而是對代孕和基因複製技術（在台灣尚未合法）的倫理問題表達更多關切。[1] 以上種種對比都顯示出不同助孕科技在台灣所涉及的行動者和爭議大相逕庭，以及一般民眾和演出團隊對於助孕科技現行規範理解程度上的落差。這樣一次性的劇場模式如何降低科技法令的理解門檻、促進民主化討論科技規範的品質，值得後續徵詢更多觀眾的意見。

再者，即便協商劇場刻意模糊舞台上下的界線，觀眾在協商劇場的理念裡扮演什麼樣的角色？參與的程度？也是一項值得討論的問題。相對於在下半場公益法人精子銀行命名活動中，我們聽見在場觀眾各種極具創意並富含自身對於生育和生命的社會再生產想像，上半場的公聽會演出時，民眾則僅在最後問與答的時段提問和評論。如同前一段提及的，現場民眾與公聽會發言之間對於什麼是台灣社會面對或想像助孕科技中最迫切待討論的議題，本身就是一個爭議。僅歷時一個下午的劇場形式雖無法真正解決歧異，但至少揭示出各方演出行動者及發言民眾的立場光譜差距。

協商劇場實驗在台灣：STS 教學法、跨界合作、社會倡議與反思「全球視野」

回到本次雙年展旨在面對「真實存在台灣本地急迫需探究的社會爭議」的協商劇場設計，五個場次除了助孕科技外，模擬氣候變遷覺察、

1　有關 2004 及 2012 年衛生署國民健康局（現衛福部國民健康署）委託臺灣大學社會學系林國明教授主持的代孕制度公民審議會議資訊請參考 http://2012surrogacydd.blogspot.com/

核廢料處理困境、塑化劑究責以及離岸風電建置
爭議,各自有其爭議獨特的發展脈絡。[5] 然而,
這些議題彼此是否共同受到特定歷史時刻形塑?
例如台灣的民主化過程、產業和政治結構轉型、
環境及性別等社會運動發展、公民科學的實踐與
STS 社群的參與等等。除了各自爭議內部行動者
的合縱連橫,五項議題之間是否有著合作或競爭
的關係,又是否曾在倡議過程中學習其他運動面
對爭議的對策手段?倘若協商劇場能夠對這五個
爭議額外設計一個場次,將這些重要爭議系統性
地脈絡化,或許能幫助觀眾更佳理解 STS 學界在
設計協商劇場時,選擇這些爭議的機制和邏輯。

協商劇場,如同拉圖所言,是一種教學法。
助孕科技場次安排的台灣人工生殖技術與法律的
模擬公聽會和籌備會,成功地利用了協商劇場的
形式,提供一種突破以拉圖為代表的歐洲白人中
心侷限,再發現協商劇場對於在地實踐全球尺度
議題討論的可能性。正如拉圖曾接受中研院民族
所專訪時表示,台灣處於地緣與地質的關鍵帶
(critical zone),當今急迫且重要的政治和環境運
動都正在這個島上發生。[6]

然而,拉圖在該訪談中將台灣看作「全世界
的實驗室」的觀點,是否僅將台灣視為研究觀察
對象,並某種程度消解了這個島嶼的能動性?拉
圖站在全球北方視角將台灣視為全世界實驗室,
試圖向南輸入他構想中與法國大革命的民主討論
案例比擬的協商劇場設計,² 並沒有讓一向在全

球科技與在地環境政治高度動員的台灣 STS 社群
成為拉圖理論的執行者，或是把協商劇場視為一
種多麼破格的科學和藝術的政治實踐。反之，拉
圖的協商劇場更像是台灣 STS 社群的跨界實驗
室。以助孕科技的案例來說，人工生殖法令的修
訂是駐紮在數十年來台灣性別、生育自主運動和
學術研究基礎上，協商劇場是在台灣 STS 社群、
性別團體和各方行動者經年累月的日常倡議搏鬥
下所進行的又一次公共溝通機會，演出的成功，
並不是拉圖對於協商劇場的設計有多麼特別，而
是奠基在參與演出的群體對於台灣助孕科技使用
資格開放倡議的長期積累。

　　在台灣《人工生殖法》的協商劇場修法協商
過程裡，協商劇場不只是一個教學法，也是一個
社會倡議的平台。我們看到學者教授的參與，但
不是權威地主導演出，而是和其他出演者一起，
在協商劇場裡扮演同樣重要的行動者，在演出中
延續現實世界裡的倡議修法行動。即便拉圖肯認
台灣的重要性，但他本人並沒有到場觀看。不只
是拉圖本人沒有到場，模擬公聽會其中一個角
色 —— 英國 HFEA 代表，原本負責出演的外籍
白人男性學生當天因田野工作不克到場，劇本因
此修改此角色因新冠肺炎疫情期間來台的檢疫隔
離而缺席，由在場的亞洲女性立委助理代讀發言
稿。意外地，這個突發狀況造成了非預期的舞台
效果，令觀眾反省國族、種族和性別在助孕科技
治理中的複雜交織。白人男性始終沒有到場，長

2 拉圖在參與氣候變遷劇場時
將其類比作 1789 年 6 月 20
日法國大革命期間的網球廳
宣誓，這個跨世紀的聯想是
否彰顯了拉圖的歐洲中心主
義和去歷史脈絡的恣意？[7]

期耕耘人工生殖法令與技術議題的亞洲女性，任職於臺大社會學系的吳嘉苓教授，才是藉代言第一世界 HFEA 機構的機會，實際說明人工生殖科技和法令規範之國際現狀的人。

　　將台灣視爲一個等待被分析的世界實驗室、將研究者和對象之間拉出明確觀察距離的拉圖式構想，是否眞的適用於位處關鍵帶的台灣協商劇場？相較於拉圖討論氣候變遷時，僅提出應避免「全面的方式」或「全球視野」處理複雜全球層次議題的啓發性宣稱，這兩場人工生殖科技主題的演出，更能讓我們得以認識「全球視野」在台灣的脈絡和意義。台灣在 1971 年脫離聯合國後，基本上就被排除在全球的外交治理體系之外，當各式各樣全球層次議題成爲急迫的在地科技爭議，台灣民間的倡議及運動團體經常援引和反省不同的國際規範，「全球視野」也是協商的重點之一。溝通的成效當然與協商劇場的設計有關，但更重要的是議題既有的歷史脈絡、過去人工生殖法修法的倡議（和挫敗），累積出協商劇場的地質風貌，得以成就本次協商劇場的繁盛地景。

（本文作者爲美國加州大學舊金山分校醫學史博士）

好看又好玩：
評〈塑化劑爭議〉協商劇場的學術與藝術成就

區曣中

　　這場為塑化劑案重啓對話的劇場演出，相當好看，也很好玩。當然，「好看」、「好玩」二詞，殊為模糊，似乎顯得本篇展評有敷衍了事之嫌。

　　實則，一齣劇場演出要滿足這兩個標準，必然在藝術呈現的某些面向達到一定成就；而一場重現過去時空之未了複雜議題的公眾展示，若想令觀眾感到「好看」，亦須謹慎編排及檢視事件邏輯、事實信度以及意見蒐羅的廣度，更理想的情況則是不限於重現敘事，而是為那個特定議題以及未來的衍生問題激發出新思維。把這兩種「好看」的標準放在一起，一齣旨在重現複雜議題的劇場展示還想要好看，其難度顯而易見。

　　與此同時，無論是劇場或議題展示，更有一個「好玩」的標準，便是作品如何引發觀眾的共鳴、同理及參與，或者以英文詞「engagement」統稱。劇場藝術希望在感性上使觀眾有所觸動，議題展示則應在理性上誘發觀眾的思辨。前者是劇內時空與觀眾當下心理狀態的融會，甚至引導觀眾主動將個人史、個人情感投射於劇中情境。[1]若

1　這一概念除了來自常識性的藝術創作與欣賞經驗，亦呼應了 John Bender 與 Michael Marrinan 兩位藝術史學者在一本圖像研究著作中的觀點。請參見 John Bender & Michael Marrinan (2010). The Culture of Diagram. Stanford University Press.

欲達成此一境界，讓觀眾被動觀演是一種策略，而讓觀眾受演出者之邀、衝破第四面牆，物理性地投入劇內劇外的交流，亦是一種策略。在此，觀眾的感性觸動與理性思辨糅合，這樣第四面牆的兩端交流，大抵頗適合用於議題展示。

這齣作品以協商主持人（陳信行飾）領隊擊鼓繞場入座的走位爲界，上半場爲相對傳統的黑箱劇場演出，牆內是時光倒流的法庭，牆外是 2020 年 12 月冬陽和煦的美術館地下室；鼓聲一起，第四面牆漸漸消融，到了下半場，觀眾也成了演員。這恰是上述兩種策略的拼接。

有人「扮演」協商主持人？

沒錯，協商主持人亦是一個角色，上下半場均是「戲」，演員與觀眾的身分同時切換於真幻之間，此劇的藝術趣味，又見一端。

真幻身分的切換是此劇演出效果的高潮，容後再說。總之，筆者基於上述幾種標準，認爲這齣以塑化劑爭議爲題的協商劇場不僅好看，抑且好玩，並贊同協商劇場是科技與社會複雜議題的理想藝術載體之一。以下，就此劇各層面的表現分別談談。

說到底，這作品的重點不在藝術而在議論，因此我們先看它爲引發公眾議論而設計的環節。觀眾的背景是難以充分預測的，即是說觀眾對於塑化劑案之事實性資訊（factual information）的認識，可能有極大的分歧。因此，爲使下半場的觀

眾參與演出（亦即「協商」這個主軸），並引起公眾議論效應，製作方必須先將所要議論的題目陳述清楚。作品上半場的法庭戲碼便是案件的藝術還原，呈現的是演出介紹中「看似蓋棺論定」、已發生且已結案的部分。這場還原，不單只搬演了開庭過程，背景螢幕也持續播放簡報式的字卡。

以系列文字簡報作為戲劇「布景」，有優點也有劣勢。優點是訊息密度高，對於筆者這樣略知塑化劑案、甚而略知科技與社會研究（STS）的觀眾，正可以乘機補足以往不知的事實細節，又仍可觀賞場中角色扮演，大感藝術趣味。對背景資訊所知程度與筆者相近的觀眾，觀劇時可直接閱讀各造陳述、瀏覽庭上判決根據的重點，與場中激烈攻防的那個時空片段相對照。

劣勢則與此相對：對塑化劑案所知較少的觀眾，觀劇時不免忙於在法庭場景與螢幕之間切換目光，既要感受戲劇情境，又有些「上課」的緊張感，恐怕偶然應接不暇，錯失了精彩重點。話說回來，筆者也有個平衡觀點：既然是訊息密集的議題劇場，課堂般的緊湊充實感受或許不失為另一種觀賞樂趣。一味追求簡化平易，或會反而低估了觀眾的求知慾。

所幸這場演出的濃厚學術色彩並未掩蓋其藝術性，一大亮點就是起雲劑、棕櫚油、塑化劑等一干「非人角色」。一干「物品」由真人演員所扮，頭上戴著、身上佩著童心十足的道具：雲朵、油罐、分子模型乃至人體器官（人體器官到底

▲ 法庭戲劇呈現的簡報背景。（區曬中／提供）

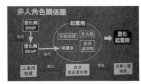

▲ 非人角色的關係圖與道具。（區曬中／提供）

▲ 上下半場以繞場走位橋接，觀眾於演出途中可任意更換座位。（區曬中／提供）

是人或非人？），湊到人類法庭之中，自己有自己的話說。這是筆者主觀上最喜歡的一個設計，也是這場演出學術與藝術糅合的優點。科技與社會研究的諸家學說之中，有個名為行動者網絡理論（ANT）的分析框架，這框架有個饒富趣味與詮釋意義的特色：它所謂的「行動者」可以包含「非人」。人與非人在議題之中的關係可看作一種互動，彼此影響。人與非人各有所處的脈絡，從某個角度看，我們甚至可說人與非人各有立場。

雖然「非人」並不具備人類的意志，但假如我們賦予它們擬人格，它們站在自己的立場，會想對議題中的人類說什麼呢？假如它們不在歷史時空重現的戲碼裡發聲，還能現場回應觀眾的提問呢？這就是下半場的演出效果高潮，協商劇場亦終於來到協商重點。凍結的過往情境被打破，忽爾與今日此地交融，這便是策展者所說的「對話重啟」。

觀眾從抱著諧謔之心試探參演，到欲罷不能；越接近演出尾聲，現場越是歡聲喧騰，戲劇化的叫好聲與爭辯聲陣起陣落。如此迴響之下，謝幕之後觀眾紛紛要求同演員合影的興奮場面，也就很好理解了。

筆者試著描述時空交會的那個時刻──上半場，觀眾原本在環形觀眾席的內部與外圍，或坐或立，旁觀已封存的一系列歷史；突然間鼓聲響動，一群身分莫名的角色繞場入座，彷彿拉動一個肉眼不可見的漩渦，改變了觀眾所處的位置，

把戲裡戲外的二元分立重新布局。

在鼓聲的引帶裡，觀眾赫然發覺自己置身戲中，成為整群即興演出演員的一分子。觀眾可以用任何角色身分發言，包括他們自己（是的，扮演自己），觸發既有演員的即興拋接。這究竟是同時觀察他人與自己的實境秀，或者客串？

演到此處，一個奇特的新時空，被表演與觀看的雙方既主動又被動地共同營造出來：橘紅色環形觀眾席框起來的這個象限，既不是歷史上的法庭現場（因為觀眾正以「當下之身」參與），又不是純然真實的 2020 年 12 月 12 日台北市立美術館（因為歷史案件中的法官與出庭各方依然在場）；尤其有意思的是，這甚至不是一個真實世界可能存在的情境。

因為起雲劑、棕櫚油和塑化劑不會在真實世界張口回答你的提問！但在這裡，它們聽懂人話，跟你對答如流。

這就是為何這齣作品在體現「行動者網絡」上的藝術成就值得肯定。以真人演員扮演石化物質，將之擬人化，固然有過於激烈地強調「非人行動者」之主體能動性的疑慮，但從概念溝通的視角，卻未嘗不是使受眾同情同理進而省思的技巧。這種「將不可見轉為可見」之轉化技巧的溝通功能，有無數的兒童作品可證明，諸如將海洋生物擬人化傳達環保概念，以及將土壤動態放大

為巨觀戲劇，傳達土壤中的複雜生態。[2] 這齣作品尾段的熱烈氣氛，顯示成人觀眾同樣樂於其中。這種極其傳統而直覺的文藝技巧，用於展現學術理論，居然令人驚喜地相配。

評論將盡，難免提提缺點，只因任何展演作品都極難做到百分百完美：這齣作品的表演技巧火候不足，場面調度亦顯得生澀。策展成員多為STS領域的學者、助理和學生，熱忱絕對無可懷疑。演出時序雖是冬天，筆者身在觀眾群中仍感覺他們是真正「揮汗」演出，從精神到肢體盡皆投入。可是，表演、導演以及劇場技術終究非這樣一個劇組所長。上半場法庭戲大篇台詞的情感傳達，以及角色彼此的台詞動作銜接，都暴露了技巧欠缺的問題，角色與演員有些分離，戲劇節奏亦時有頓挫。

然而，這缺點倒也是另一個面向的優點。到了下半場，當演員必須即興回答觀眾提問，他們那股熱忱忽然發揮了極妙的作用：演員真正入戲了！甚至比起上半場的傳統戲劇呈現更加入戲。儘管表演技巧依然生疏，觀眾卻看得出演員是在角色脈絡裡打磨過的，看出他們確實沉浸在「行動者網絡」的框架之中，這作品絕不是打打理論幌子而已。

既定劇本不曾給予部分角色足夠的發揮空間，下半場的協商則開啟一片淋漓盡致的可能。這不就是協商劇場為議題重啟對話的本質意義？歷史空隙裡未曾發生的對話，未能辦到的協商，

2　本文所引述的土壤學戲劇，為王巧萍與「無獨有偶」劇團合作之偶劇科普作品。土壤生態的微觀特性使得一般大眾易忽略土壤內種種動態事件的豐富與重要，看似僅為「童趣」服務的轉化、放大與擬人手法，恰可達到知識溝通的效果。

在劇場裡發生，打破塵埃落定事實的侷限。學術
和藝術相遇的作品有了社會意義。所以這作品好
看，而且好玩！相信讀者諸君現已明白，「好看
又好玩」實不容易。筆者謹以此評，爲這齣作品
的成就喝采。

（本文作者爲國立成功大學通識教育中心副教授）

協商與劇場的交引纏繞：評〈核廢的未知數〉

陳宗文

2020 台北雙年展協商劇場的最終章〈核廢的未知數〉（下稱〈核廢場〉），將科學、藝術與政治的跨界融合展演出來，爲五場協商劇場作最終定調。這場在規格上最接近法國原版的協商劇場有許多值得討論之處。以下就協商劇場版本檢討、其他形式的推廣可能性以及理論與操作的反思等方面，進一步說明。

原版協商劇場

原版的協商劇場主題 Make it work，在 2015 年 5 月於巴黎近郊的南特亞蒙迪劇院演出。這場絕無僅有的展演，是爲了挑戰同年年底的聯合國氣候變遷大會第 21 次的締約國會議（Conference of the Parties，簡稱 COP21），也是拉圖在巴黎政治學院開設的「藝術政策碩士學程」的一項實作課程。因以聯合國會議爲挑戰的對象，協商劇場也就循既有的「模擬聯合國」模型設計。[1]

雖原版協商劇場僅此一次，卻是拉圖所有展演中，最有參與式教育意義的活動。當時參與的學生有二百多名，來自巴黎政治學院、巴黎大學

1 關於協商劇場的來龍去脈，可參考劇場導演芙雷德莉克‧阿伊－杜亞蒂著作：Aït-Touati, F. (2019, July 10). Le Théâtre des Négociations, laboratoire théâtral à ciel ouvert. Thaêtre. Retrieved from https://www.thaetre.com/2019/07/02/le-theatre-des-negociations/

的各學科與不同年級，並涵蓋相當高比例的外國學生。活動長達五十小時，是在一個空間獨立、面向觀眾開放的劇場裡進行。

這些條件形塑出一個「行動者網絡理論」的妥協版本，在劇場裡外少有拉圖式的理論語言。劇場主任受訪時就說，[2] 非人的行動者在表演藝術裡並不少見，但要把這個元素放到演出裡卻毫不違和。這種將「擬人」當成「非人」的誤解，也同樣在台北的演出中存在。即便如此，協商劇場仍蘊含拉圖近二十年來，以各式藝術形式推動其思想的展演精神。若仔細予以檢驗，拉圖「蓋婭」（Gaia）主張仍是協商劇場的理念基礎。[3]

台北雙年展協商劇場

從上述的脈絡來看 2020 台北雙年展協商劇場的最終章，有以下特徵：

1. 台北的協商劇場只是雙年展中的一個活動，不但有時空限制，也有議題範疇和規模上的挑戰，且在展演的資源條件上，無法與原版劇場相提並論。

2. 演員背景條件與原版學生組成差異甚大。〈核廢場〉的演員人數不多，其他場亦然，只因為是某一門課程的修課學生而參與，且多半沒有藝術背景，可謂「素人」演出。而原版協商劇場的演員則多有藝術背景，甚至是藝術專業者。

3. 政大創新民主中心在背後的強力支援，與原版

2 法國文化廣播電台（France Culture）〈新潮流〉（Les nouvelles vagues）節目為氣候變遷所作的專題「今天天氣怎樣？協商劇場」（Quel temps fait-il？ le théâtre des négociations），播放於 2015 年 5 月 6 日，現場訪問協商劇場導演芙雷德莉克·阿伊－杜亞蒂、南特亞蒙迪劇院主任菲利普·奎斯納（Philippe Quesne）和三名參加演出的學生。

3 劇場裡的蓋婭論述，可參考下文較詳細的介紹：Aït-Touati, F., & Latour, B. (2019, July 10). Gaïa en scène. thaêtre. Retrieved from https://www.thaetre.com/2019/06/02/gaia-en-scene/

劇場由拉圖直接指揮非常不同。創新民主中心有其既有的核心理念和社會網絡，雖有助於資源挹注，卻也不免帶入該中心原本關懷的議題和理解的視野。

4. 原版劇場是拉圖二十年展演經歷中的一環，但為配合 2020 年雙年展主題《你我不住在同一星球上》演出的協商劇場，較偏向是一場稍縱即逝的節慶式展演，不必考量理念永續的問題。

5. 在台北市士林北美館舉辦的台北雙年展，開放給一般民眾入場，觀看門檻低，但因民眾對劇場展演與議題討論的涉入程度不同，能深入參與劇場演出的難度相對地高；原版劇場展演地點位處巴黎郊區，若非有心，一般民眾難以接近觀賞，然一旦主動到場參與，即易於融入劇場演出。

6. 協商劇場跨越科學、藝術與政治，可謂是多重目的展演。法國原版以劇場形式揭露爭議，展演帶出的協商意味高於演出本身；但以在台北演出的協商劇場來看，因為要強調其作為隸屬於北美館雙年展一部分，對其藝術元素的期望較高，減弱了現場的協商意味。儘管〈核廢場〉已經是五場演出中最高規格的一場，其實實質「表演」內容與前幾場無大差異。對觀眾而言，恐怕更像是一場「成果發表會」，社會教育意義更大於藝術性。

衍生的劇場類型

　　若協商劇場以成果發表會的形式呈現，目的在於吸引社會大眾的關注，意在推廣展演活動的主張，那麼除了雙年展的特殊展演形式，應當還有其他得以更普遍運用的模式，使協商劇場更能發揮社會傳播的效果。以下提出三種可能的協商劇場情境模式，供進一步思考。

1. 學校課堂模式

　　學校課堂的優勢在於課程以學期規劃，透過連續的課程單元，讓學生有足夠的時間累積相關知識，並透過較頻繁的師生互動，無論在分組安排或累積劇場角色的互信等，都可以較妥適地操作進行。不過，課堂模式必須思考資源有限的問題。相較於雙年展，學校課程往往缺乏實用的教案與充足的道具、教室空間不夠大，以及桌椅難以動態調整（此次北美館提供給協商劇場的空間及硬體桌椅規格皆為水準之上），如果沒有專業的助理人員協助，也會讓老師執行起來孤掌難鳴。當然，最重要的是教師的執行意願與能力，除了個人學術專業外，尚應有面對劇場過程中各種臨時狀況、協助學生融入和退出角色，並且適時輔導受挫學生的能力。[4]

2. 會議或工作坊模式

　　在會議或工作坊中採用協商劇場此一形式的教學實驗，藉此機會刺激與會者對特定議題有更多元的思考。這種模式除了可能有的場地、成

4　學生投入協商劇場角色過深，若結果或回饋與原本期待落差過大，容易造成挫折心理。以〈核廢場〉的參演學生為例，因展演現場有利害關係人，在演出後的檢討會中，給予學生過分嚴厲的批評，極有可能傷害學生心理。所幸檢討會中有其他與會者適時發言化解緊張場面，指導老師也在會後安排學生與利害關係人更深互動，相互理解，妥善解決了學生的心理衝擊。課堂版的協商劇場雖不至有此景況，但學生受到衝擊亦是在所難免，如何妥善處理學生情緒，將挫折轉為學習的動力，是教師嚴峻的挑戰。

員背景等優勢，在規則說明、道具使用和活動設
計與施行等方面都應與課堂式的劇場有所區隔，
而以教練養成爲主，體驗學習爲輔。舉例來說，
在國科會的學門研究成果發表會或專業學會的年
會場合，可以配合重點規劃項目或會議主題，設
計使領域接近的與會學者共同經歷協商劇場的活
動，促進專業社群內部交流。協商劇場教學手冊
編寫、實務分享，新議題開發和教材道具創新等，
也可以逐漸發展成一套在地的教程，使得至少在
STS 或相關學界社群有專屬的議題領域或教學工
作坊，使一次性的展演轉而成爲永續的課程，在
工作坊的形式中持續傳承並產生有機的演變。

3. 地方或社區參與模式

　　在課堂中的協商劇場爲教育學生爲目的；在
工作坊的協商劇場爲培養教師爲目的；而在地方
或社區現場的協商劇場，或許是這套工具的前線
陣地，應該會有更直接的衝突處境和立即效果。
〈核廢場〉邀請了爭議主題的利害關係人列席旁
觀，並在展演後安排他們提出看法。當時在現場
的人士有表達支持，也有的提出質疑，甚至有少
數利害關係人發言較爲火爆，對劇場演員（學生）
帶來相當衝擊。這也反映出藝術意味較高的協商
劇場，是否適合在事件現場操作。相較於或許
更能夠立即發生效果的審議民主，協商劇場這種
摻雜了藝術性，又帶入非人行動者的拐彎抹角方
式，能夠爲爭議現場貢獻出什麼？

協商劇場的再思考

　　協商劇場雖可跳脫展館限制，思考在教學現場、社群或社區活動中推展普及的修正模式，但仍可能囿於其根本屬性，未必能全面滿足操作者的需要。以下僅概略提出三點，提醒操作者應對協商劇場有所反思。

1. 不交惡的協商劇場

　　協商劇場是本於行動者網絡理論的行動劇，此「行動」異於結構觀點下的行動主義（activism）。行動者網絡理論不預設結構與衝突，也就有別於行動主義裡「不是盟友就是敵人」的說法，反而期待更多的盟友；即使不是盟友，也不致於成為敵人。由於行動者網絡理論先改變的是世界觀，之後才是行動與結果。這剛好與經由基進行動來改變世界的行動主義相反。就結構動力學來看，若挑戰的對象是處於思維根本層次上的世界觀，確實無法立竿見影，難以立即發生行動的效果。協商劇場卻是藉換位來改變對現實的認識，是以迂迴的路徑來改變實現。

2. 無所不在的權力效果

　　從 ANT（行動者網絡理論）到 NT（協商劇場），似乎透過展演與實踐讓理論著陸了，但卻也使結構浮現，產生權力的效果：誰在現場斥責學生演員、誰又有權力評斷良窳。無論是行動主義者以田野的高度，或藝術工作者從專業來挑戰展演，都給予演員結構性的壓力。這原不是協商劇場的

本意。原因在於為了便利操作，協商劇場融入了有結構意味的「模擬聯合國」元素。這種異質結合，在削減了行動者網絡理論的抽象性同時，讓更多的操作回到傳統的定義，甚至是在本體論層次上的搖擺，以至於最後的結果有可能反而是具有結構性的展演，與審議民主或公民科學並無太大差異。

3. 從演員成為行動主義者

劇場的藝術啟發（迪），為的是養成擅長溝通的行動主義者。誠如在 2020 年疫情嚴峻的當下，演員畢諾許（Juliette Binoche）與協商劇場導演芙雷德莉克・阿伊–杜亞蒂對話時，[5] 主張表演藝術正是為了「轉變」（transformation），面向沒有篤定的方向，不只是為個人，也是為群體的生命。當學生參與劇場，就已經預備要被轉變，並期待因自己的轉變，也造成社會的轉變，是循序漸進的過程。拉圖是個行動者網絡理論家，劇場演員卻可能成為行動主義者。這是道地的行動者網絡理論的運用：協商與劇場交引纏繞，建構出一個個行動主義者來。

結語

原本在巴黎的協商劇場活動，並不是特別為科技與社會研究的教學籌辦；而在台北雙年展的展演，因 STS 學者的積極參與，相當程度使得這項兼具藝術與教育功能的活動產生了位移。協商

5 法國雜誌 Télérama 在 2020 年 6 月舉辦的後疫情文化論壇系列 L'urgence des alliances 中，其中 6 月 16 日的主題是文化與環境（Culture et environnement）。受邀的講者包括芙雷德莉克・阿伊–杜亞蒂、畢諾許和哲學家布赫（Dominique Bourg）等人。

劇場的位移，不僅從巴黎到台北，更可以從劇場
到課堂，儼然成為 STS 思想教育的利器。〈核廢
場〉定義的模式，相當值得後續的概念化與操作
化，使其得以順利地運用在 STS 教學領域。本文
提出的一些檢討與建議，無非只是拋磚，期待更
多瑰玉加入，因為，有待協商的不僅核廢，協商
劇場的未來也是未知數。

（本文作者為國立政治大學社會學系特聘教授）

正視氣候足跡的警鐘

趙家緯

　　今時今日，人類已成改變地球自然環境的最大驅力，使地球由為時萬年的全新世（Holocene）進入全新的地質紀元 —— 人類世。人類世的挑戰，即是在如何避免全球性的環境災難下，維持其文明的存在。從 2014 年起，台北雙年展便嘗試與人類世對話，但從永續科學家的角度而言，人類世根本的挑戰，乃是全球是否可在地球限度下，找出可滿足基本社會需求的發展路徑。

人類世與地球限度

　　「地球限度」（Planetary Boundaries）乃是由現任德國波茲坦氣候影響研究院主任的約翰‧羅克斯特倫（John Rockstrom）教授於 2009 年時與包含諾貝爾化學獎得主保羅‧克魯岑（Paul Crutze）在內的專家團隊共同提出。其基於韌性（Resilience）理論，鑑別出九項瀕危地球系統運行的關鍵程序（Earth System Process），並轉化其涵容能力的上限，試圖描繪出人類文明的安全生存空間（safe operating space for humanity）。九項程序遭逢的衝擊為氣候變遷（climate change）、海洋酸化

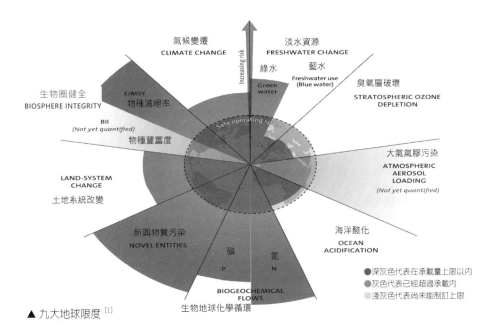

▲ 九大地球限度[1]

（ocean acidification）、臭氧層破壞（stratospheric
ozone depletion）、大氣氣膠污染（atmospheric
aerosol loading）、生物地球化學（氮、磷）循環
（biogeochemical flows）、淡水資源（freshwater
change）、土地系統改變（land-system change）、
生物圈健全（biosphere integrity）與新興物質污染
（novel entities），目前僅有臭氧層破壞、海洋酸
化還有淡水資源中的藍水（河川、湖泊的水資源）尚
在全球生態系的乘載上限以內，大氣氣膠污染尚
無法訂定明確上限，其餘均已超過全球生態系可
承受的臨界點。

2020台北雙年展雖未能將地球限度融入策
展內容，促使參展者理解當前人類世的根本挑

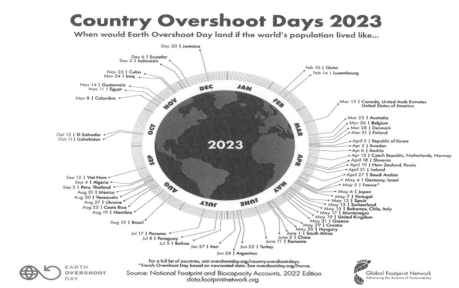

https://www.overshootday.org/newsroom/country-overshoot-days/

▲ 最新各國地球生態超載日 [2]

戰，但展覽中以文件展引介了生態足跡（ecological footprint）與地球生態超載日（earth overshoot day）兩概念，藉此說明全球環境危機的急迫性。生態足跡將人類對於農漁產品、木材與建築用地的需求，以及二氧化碳排放量的影響換算成土地面積，並與地球整體的生態涵容能力（biocapacity）加以比較。而由於目前全球生態足跡相當於地球整體的生態涵容能力的 1.7 倍，意即每年 8 月，全球各地的資源耗用與二氧化碳排放量就已超過該年地球的生態涵容能力，故將超過生態涵容能力的日期訂爲地球生態超載日。2020 年因疫情之故，全球二氧化碳排放量下降，故地球超載日由近年的 7 月底延至 8 月 22 日，但 2021 年因經濟

活動的反彈，如二氧化碳排放量會回升 6%，森林砍伐量較同期增加，減損生態涵容能力，故地球生態超載日提早至 7 月 30 日，2022 年則因預期排放量持續成長 1.5%，進一步提前至 7 月 28 日。[1]

生態足跡的所得差距

但正如 2020 台北雙年展主題《你我不住在同一星球上》，若想將地球生態超載日不斷推遲，需解析其生態足跡不斷擴大的原因。全球生態足跡中，有六成是因二氧化碳排放所致，然而依據樂施會（Oxfam）的研究，全球所得最高的 10%，其排放量便占用了全球的 52%，所得較低的 50% 族群，累積排放量占比僅為 6%。[3] 能源消耗上也有同樣情形，所得最高的 10% 耗用了全球 39% 的能源，所得最低的 10% 耗用的能源則占 2%。若比較各個消費類別，差異最高之處在於耗用於奢侈品（如私人遊艇）、度假及家用車的使用，如家用車使用耗用的燃料上，所得最高的 10% 是最低 10% 的 187 倍。差距較小的則是在基本民生需求，如因食物供應鏈的能源消費、住家直接的供暖、供電需求，所得最高的 10% 是最低 10% 的十三倍左右。[4]

再仔細分析碳足跡與消費行為的差異，以歐盟為例，所得最高的 1% 群體，人均碳足跡達到五十噸以上，中產階級人均碳足跡則為十噸左右。兩者間最主要的差異為所得最高 1% 的超富

1 依據國際能源總署統計，2022 年能源相關二氧化碳排放量實際成長率為 0.9%。

豪階級，光是因搭乘飛機所衍生的碳足跡每年就達到二十三噸，而在平日公路運輸所仰賴的私人運具，也導致其陸上運輸碳足跡高達十二噸。相對而言，中產階級的航空與陸運碳足跡分別為0.1噸及 2.9 噸。[5]

有鑑於此，來自澳洲、瑞士、英國等地的四位學者於《自然─通訊》期刊上發表了〈科學家對於富足的警示〉一文，強調若需要扭轉全球環境與社會問題，除了需要正視超富階級因過度消費所導致的實質環境衝擊以外，更須面對其所形塑的經濟成長迷思及消費主義。[6] 四位學者更指出現常見藉由投資於能資源效率與再生能源，兼顧環境品質與經濟發展的綠色成長取徑，以及將「經濟成長與優質就業」列為十七項核心目標之一的聯合國永續發展目標，均因未能反思 GDP 持續增長所衍生的問題，亦無助引導政策回應。研究者統整文獻歸納出「改革取徑」（reformist approaches）、「基進取徑」（radical approaches）兩類解方。[7] 前者立基於「誰說經濟一定要成長」的原則，強調在當前民主與市場體制下，藉由外部成本充分內部化的生態稅制改革、直接綠色投資、減少工時等制度，便可達成生態與社會的轉型。後者則包括生態社會主義與生態無政府主義的倡議，藉由加嚴對於經濟活動的社會控制、直接民主決策機制等，方能達到超克當前資本動力的成效，形塑真正的永續生活型態。

本文指出，治理方面存有的知識鴻溝，包括

如何建立與應用 GDP 以外的福祉衡量指標、直接民主參與機制設計，藉由賦稅改革與無條件基本收入等增進平等、共享經濟模式改變傳統經濟體系等，都是學術界可以努力的方向。

氣候足跡召喚集體行為改變

然而，若要扭轉唯 GDP 成長主義所形塑的過度消費行為，單靠靜態展覽的文件中註明台灣的生態足跡與超載日的資訊，絕對不足以觸發參展民眾的內省。而在本次協商劇場系列中所設計的〈你我與氣候足跡〉活動作了些許努力，其結合生態足跡計算器，以及能源、減塑、電動車等氣候諮詢專員的解說規劃，先讓參與者充分知情，並積極互動對話，讓參觀民眾從展場氛圍中，進入具象個人消費行為的剖析。

在四小時的多重對話中，可梳理出論辯氣候議題時的根本矛盾：「消費者民生需求與生產廠商責任輕重」、「外部成本未內部化」、「欠缺社會基礎建設下的個人綠色選擇之艱難」等關鍵議題。雖然活動當天未能就此議題衍生討論，例如針對搭乘飛機時導致的龐大碳足跡，除了省思個人出國商旅的服務需求以外，更可進一步討論到各國如何藉由航空業紓困之際，要求其增加低碳燃料占比，訂定積極減碳目標等政策作為。或是論證肉品需求時，討論當前衛福部建議的每日飲食指南中，是否可將食物碳足跡的削減，列為

設計依據之一，或是如何促使台灣民眾降低肉食比例等。

　　藉由個人生態足跡計算出的數值高低，象徵個人消費模式的差異，的確反映出《你我不住在同一星球上》此命題，但藉由積極對話，共同探求轉型的可能，形塑集體行為改變的方向，或可能是共同打造面對氣候緊急的安全屋之起點。

（本文作者為台灣環境規劃協會理事長）

現身、代言與協商：參與者的一些反思

楊克鈞（陳信行／校對）

　　2020 年和台北雙年展策展人拉圖的協商劇場合作是台灣科技與社會研究學會的年度重要活動，在 2020 年 7 月 5 日的 STS 學會年會中亦有〈展覽緊急氣候：台灣 STS 和台北雙年展〉圓桌會議。[1] 協商劇場為何（what）與為何（why）？在此之前並非所有與會者均有了解，此次討論除了再次確定參與場次各組學生於開學後之主題外，也有幾個重要的核心提問：為什麼有人會來看一群非表演藝術科班的學生「演戲」？明明台灣這麼小，還可以找到各議題當事人，為什麼我們要「代替發言」？那時候我感受到的演戲一詞，就是單純的話劇形式，並未能想像到是最後演出的「協商劇場」。

讓誰「現身」？

　　關於協商劇場，拉圖在《我們從未現代過》一書提及了「物的會議」，[2] 不論是在波以耳的崇尚者塑造出的事物由科學專家代表發言的實驗室，或是霍布斯的崇尚者建立的代表公民集體意志的國家中，這些代表會如何翻譯（如實表述）

1　參與的有參展團隊與策展人林怡華。

2　法文原著出版於 1991 年，而物的會議一篇寫於 1989 年左右。

3　科學，並非絕對中立，其背後也藏有各種文化、價值、意識形態等，Emily Martin 的〈卵子與精子〉一文分析科學文獻與醫學教科書中對精卵的書寫，延續了社會中對男女的刻板印象，如精子「攻佔」卵子等描述，且在科學逐步發現卵子的主動特性後，這樣的論述也未迅速變化。[2]

4　尤美女在立法院的新聞稿中描述了法官和檢察官在培訓時，產生同窗情誼與軍事權威下的學長學弟制。司法改革對此的訴求為審檢分訓，以避免檢審不分。[4]

5　依照《高等法院以下各級法院法庭席位布置規則》，民國 80 年 2 月 8 日後才將檢察官席位由法官席旁移置法官席左前方，與被告辯護人席平等相對，但仍有不足，相關司法改革論述可見范光群 1999 年全國司法改革會議第二組分組會議書面意見（https://jrf.sayit.mysociety.org/speech/684021）。而現今的《法庭席位布置規則》第 8 條仍然明訂「法官、檢察官及書記官由法庭後側門進出法庭」，可以看出審檢形式上的同源與改革尚未完善。

6　直到 2018 年才依司法改革國是會議決議將「地方法院檢察署」變更為「地方檢察署」。[5]

或背叛（追求自己利益），都已經成為現在的事實與常態，中介物已存在社群、社會之中，我們如果想了解其樣貌，該做的就是讓其「現身」，「不再有昭然若揭的真理，也不再有赤裸裸的公民」，將它們與代表它們發言的科學家與各種代表一同顯現。[1]

在此脈絡下，我們可以重新建構任何事件的網路圖，並且重新思考分析網路中的各種角色。以塑化劑事件來說，過去在新聞上再現的只有製造與添加塑化劑的黑心廠商（賓漢、昱伸，尤其是被指向到邪惡的個人）、使用黑心材料的下游食品廠商（統一、金車等等），以及受害的消費者，然而我們仔細研究各項民事和刑事判決書中的相關利害關係者以及各種「物」，可以看到在事件中的擴充與代言，檢察官與法官代表了政府、公權、公民，律師代表了原告或被告，毒理學家、公衛學家代表了塑化劑的科學知識（著重於健康危害風險），媒體也同時承載了專家的科學知識與人民的輿情（尤其是憤怒與不安）。

在此我們需要認知「科學」並非中立客觀，[3] 而法官的自由心證也勢必有所判斷依循（科學、道德、社會等）。[3] 在歐美，法庭已經成為展演的場域，且律師被認為並非是為了尋找真理事實，而是服膺於雇主的打手，以達到雇主的最佳利益。台灣的法庭形式雖與歐美不同，但其中的權力關係仍然可以從各種制度看出。例如法官和檢察官同考同訓、[4] 開庭的座位配置、[5] 辦公室的銜牌名稱，[6]

在在顯示過去（甚至延續至現在）台灣檢察官和法官作爲相對權力高的階級且兩者「相識」的事實。案件本身也會因爲民衆關切度而有所不同，從形式上若爲社會矚目案件，則冠上「矚字」，投入的檢方人力與行政資源也有所差異。[6]法律上開始「相信」科學也有其發展脈絡[7]，而今「相信」也暗示了法官對於科學證據的無知，[8]以及對科學家的權力賦予。

我們可再進一步思考，這個網絡圖的各個角色是否只有一個代表，或者用另一說法，利害關係人的代表性。拉圖在《面對蓋婭：新氣候體制八講》一書的第八講〈如何治理你爭我奪的（自然）領土〉描述 2015 年協商劇場（譯文中爲「談判劇場」）的過程與背後科學哲學。2015 年 5 月 26 日到 31 日爲期六天的協商劇場在法國南特亞蒙迪劇院進行，拉圖和 Laurence Tubiana 作爲發想者，[9]菲利普・奎斯納和芙雷德莉克・阿伊－杜亞蒂作爲劇場導演，208 名巴黎政治學院政治與藝術學程學生作爲「演員」，這些學生成員來自三十多個國家，[10] 在劇場中（被）分爲了四十一個代表團，每個代表團的組成包含五個類型：政府代表、經濟面代表、公民社會代表、科學知識、一個自由選擇，由不同學生去扮演，藉此採用另一種形式模擬聯合國 COP21 氣候會議。[11]

拉圖認爲此協商劇場的目的在於「預示應該對談判程序作何改革，防止 COP21 可能的失敗」，但同時也提及了「把解決問題的任務交給

7 陳信行在〈看見不潔之物〉（頁 29-27）以美國 Daubert v. Merrell Dow 一案爲起點，描述毒物侵權訴訟中科學證據與專家證詞之採用或排除的規則變革。

8 周桂田〈知識、科學與不確定性 —— 專家與科技系統的「無知」如何建構風險〉一文之定義說明，包涵未知（unknown）、無知（unaware）或忽視（ignored）。[7]

9 Laurence Tubiana 於 2014 年被任命爲法國氣候變化大使，並作爲 2015 年 COP21 特別代表，被認爲在巴黎協定的建立上扮演重要角色。[8]

10 學生的學校和國籍資料，在拉圖《面對蓋婭》一書與巴黎政治學院網頁描述有所差異，網頁上提及其他國家與學校，筆者尚未能進行梳理確認，在此先採用書中描述爲巴黎政治學院政治與藝術學程的學生。

11 聯合國《氣候變化綱要公約》第 21 屆締約國大會（UNFCCC COP21），2015 年 11 月 30 日起至 12 月 12 日於巴黎召開。[9]

民族國家有多麼不切實際，畢竟這些問題正是產生自它們非常烏托邦式、總之很不在地的土地佔領方式」，「就算各國取得一致意見，但問題還是會逃出掌握」，爲此，拉圖在國家之外加上非國家集團，但這些非國家集團並不是我們直觀想像上的自然、環保、道德的想像，「並不是比人類更高層次的利害關懷」，拉圖認爲「只是因爲他們是別種力量，受到其他利害關懷所支配」，「形成不一樣的領土與空間」，「自然的在場，不是提醒環境的必要性，是防止人們爲建立聯盟而急於犧牲別的東西」。[10] 雖然未能定義協商劇場對 COP21 造成改變或影響，但 COP21 有其重大歷史意義，在世界主義氣候變遷治理上簽下了指標性的巴黎氣候協定，且影響力在綠色轉型中持續發酵。

2015 vs. 2020

我們接著比對參照 2015 年協商劇場與 2020 年台北雙年展進行的協商劇場（以下稱：北雙協商劇場）。其中分析內容來自於北雙協商劇場〈塑化劑爭議〉課程參與和展演，以及〈離岸風電進行式〉、〈核廢的未知數〉與特別場〈你我與氣候足跡〉實地觀察紀錄。[12]

在學生組成方面，2015 年協商劇場由 208 名巴黎政治學院政治與藝術學程學生共同進行一場爲期六天的劇場，此學程爲一年制碩士學程，招

12　議題 2〈治理助孕科技〉，因爲和 2020 g0v summit 撞期，筆者分身乏術而未參與。

收學生的目標於網頁上列有藝術家、建築師、設計師、學者、公務員、經理、研究人員、行政人員、活動家、策展人等等。[11] 國籍來自三十多國，此學程目的在於將藝術與社會學結合，核心知識為社會科學和人文學科（哲學、社會學、歷史與科學研究）。

而北雙協商劇場則由台灣 STS 學會的教師學者與其課堂學生組成，分為四個議題，彼此獨立於課堂中發展。13 換言之，北雙協商劇場的學生背景在各場次中的同質性較高，例如〈離岸風電〉場次為工程相關學系的大學部與研究所學生。〈核廢〉及特別場的成員則以經濟、公共行政等背景為主，於碩士與學士班開課，14 有多位大學部一年級學生修課。而〈塑化劑爭議〉涉及了塑化劑的「科學議題」，世新社發所學生組成與知識背景被預設為社會組／文組，且自行假設陽明大學學生可能具備醫學科學專業知識；然而實際於課程進行中可以發現，社發所參與同學背景包含法律、宗教、實驗生物學、劇場等不同面貌，而陽明科社所僅有一名化學背景畢業生作為計畫共同主持人；以及最後扮演科學家助理的科學背景學者能真正回應科學問題，其他陽明大學同學可能不具醫學或科學背景。15

點出學術背景差異的主要意義，在於思考知識的組成與建構。既有的分科學術知識體系建構了我們看世界的方式與對於知識的理解，除了媒體以外，往往是信任（甚至說是信仰）「科學」研

13　感謝陳信行老師與林宜平老師於課堂的教學指導，感謝鄭尹真老師於肢體與發聲課程指導。感謝修課、旁聽和沒修課但卻出席參與的同學們一同學習與演出。另外感謝藝術家王昱程、李紫彤對於拉圖、協商劇場等的分享討論。

14　彭保羅、楊智元開設之「人類世與地緣政治」課程。同名稱課程有三個開課系所：公共行政碩士班、創新國際學院碩士班、創新國際學院學士班。

15　排除北美館的兩次排練，兩校學生僅有兩週共同上課，筆者推測彼此了解程度會不夠深切，但也可能判斷錯誤。

16 衛生福利部食藥署 110 年度預算書之「高通量無線傳輸智慧化實驗室系統建置」工作計畫，由計畫名稱看似與 5G（高通量無線傳輸）、AI（智慧化）有關，惟實際實施成果記載：「1. 完成檢驗方法草案審查作業規章初稿、拍攝『檢驗方法教學影片』1 支。2. 完成『檢驗方法英譯』10 篇，並完成 6 件快篩試劑套組審核，以及新增『食品篩檢資訊專區公開產品資訊之意見回饋平台』。3. 完成實驗室之基本、分析及維運監控設備之盤點，並與專家討論設備傳輸介接之可行性模式」。

17 廖英凱在文章中提及研究發表數量如下：美國 224 篇、中國 115 篇、巴西 61 篇、加拿大 25 篇、澳洲 16 篇、墨西哥 14 篇、台灣 14 篇，與國家農業政策與研究實力可能相關，同時美國、巴西加拿大三者為牛肉重要出口國。[12]

18 媒體轉譯的專家論述如下：「塑化劑危害不容小覷，衛福部台北醫院小兒科主治醫師王怡人，在塑化劑風暴前後追蹤四百多位兒童，發現二歲幼童尿中塑化劑濃度高於產婦和五歲幼童，研究後發現這些案例共通點是沒有習慣飯前洗手……」然而實際於國際期刊論文發表的結論為，2011 年塑化劑事件前後兒童尿液中的塑化劑相

究。然而科學有其政治性與目的性。當初發展核能時，核能研究的經費較高，同時也產生了對再生能源研究的排擠競爭，而今發展 5G 與 AI，則可看到部分無關聯的計畫或執行項目也都強行添加這些關鍵詞以符合「政策方向」。[16] 換言之，我們查詢到的媒體、知識、學術研究都有其來源與目的，與核廢儲存相關的「專業」知識建構往往來自於台電、原能會、核工專家等，若缺乏異議專家、異議學者的研究，則可以發現另一方勢必成為「無知」與「無理取鬧」。在泛科學廖英凱對於萊克多巴胺的五百多篇論文回顧研究中，也可以看出研究者所屬的單位有 36% 來自於藥廠，研究發表國家也集中在美國、中國。[17] 而回到塑化劑案件，其背後的塑化劑研究，或是塑化劑的毒害究竟為何？研究結果就算無差異，仍可能為了民情、權威與經費繼續塑造恐懼，[18] 畢竟台灣銷售市場已經高度與一些「科學專家」連結，除了專家認證或醫師推薦的廣告形式，這些專家本身也成為產品販賣商，例如江守山醫師的「江醫師魚舖子」、招名威教授毒理威廉的《對抗 PM2.5 的食踐術：毒理醫學專家教你用吃保肺顧健康》與肽研生醫產品、美的好朋友「葉黃素事件」等。

　　當演出者並非「專家」，這些文件化、可被查詢的「可靠」知識，建構成了角色表、演出台詞、協商的解決方案，也就很難突破既有現況，[19] 我們大概可以從北雙協商劇場的演出與問答看到其矛盾與有趣之處。拉圖脈絡下的協商劇場強

調了物的發言，然而，我們該以何種觀點代表無法發聲的「物」發言呢？在〈離岸風電〉場中我們明顯地看到了容易對於人類技術妥協的非人代表，白海豚代表只要水下聲納能感測他們經過而暫時停止風機施工打樁就滿意，經濟魚類代表在意重金屬在生物循環中放大，甚至提及只養殖特定高經濟價值魚種，候鳥代表希望能夠不要在遷徙的季節施工，這樣協商結果是否符合了各自群體生存的最大利益？這也讓我們反思過去的環境、區域、生態，常常是由環境、道德爲價值判斷的「環保團體」來代表發言，而導致對以人類利益爲優先的非人代表產生忿怒，就算這些協商結果可能優於現況。在〈塑化劑爭議〉場中，DEHP、DINP、起雲劑三個非人角色的言論都傾向於自我可以消滅不復存，而對應著〈核廢〉場上的必要之惡——用過的核子燃料棒，則是以瘦弱的被壓迫者形象，[20] 用情感作爲號召，要人類反思且正視他的存在正是人類造成的。而這幾場北雙協商劇場未以拉圖提及的代表團組成（政府、公民、科學、經濟、其他）形式進行，也就在單一角色上缺少了更多層次的分析。[21]

誰是局外人？

協商劇場的功能究竟爲何？除了以角色扮演的換位思考教學工具去論述，是否能達到如拉圖所說「預示應該對談判程序作何改革，防止可能的失敗？」在 2020 年 12 月 20 日筆者因擔

關代謝物濃度並無顯著差異。這樣的研究結果除了原本研究中描述對於其他塑化劑接觸途徑之警示，其實也在科學證據上表示食品添加的塑化劑並未有顯著影響。[13][14]

19 策展人林怡華也曾提及協商劇場部分角色、情境需要依靠虛擬化，才能突破目前窘境。[15]

20 值得進一步分析的是此演員服裝和妝容，帶給筆者情緒上的感受完全相反，演出中僅有此「必要之惡」角色上舞台妝，刻意穿著舞台服裝，與其他同場演出者不同，產生專業演員與素人演員的差異。

21 就算代表團能夠彼此對話，每一個代表是否只能存在一種模樣，也值得我們進一步思考。例如〈塑化劑爭議〉的檢察官扮演者在課程討論中展演了傾向消費者、傾向財團、官僚回應式等不同樣態。

任藝術通識課程助教帶領中原和世新大學部同學
校外參觀時，在捷運往北美館路上遇到策展人林
怡華，她提及〈核廢〉場的真實事件與劇場事件
可互相參照，且在演出的前一天也恰好有相同議
題的政府官方會議。政大進行課程時，邀請了地
球公民基金會到校分享，也和公民團體如綠色公
民行動聯盟有所連結，筆者想像與期盼能夠逃逸
出「科技官僚」論述。然而，從實際演出的豪華
設備、精美文宣，到台電專家工程技術展示的真
實劇碼，反而更呈現了（被台電或資本）收編的氛
圍，對應著「扮演」原民代表的台詞：「用金錢
分裂了我們。」在該場展演結束後，原民與環境
議題倡議者巴奈本人更是發言表達了忿怒，這樣
的情緒連結，除了來自劇場展演建構出的台電與
環保團體雙方形象，也可能來自於真實未解事件
的抗爭。

　　從此場協商劇場的主持人角色、學員分享
與各項心得分享，我們也可以看到與聽到不斷重
複提及感謝政大創新民主中心。該場次對於事件
本身的問答僅在「扮演演出」之時，而後則不再
討論事件，主角也回到了學生與教學工具上，演
出者是該討論事件本身，還是討論扮演事件的行
為？觀眾是該討論事件本身，還是討論扮演事件
的行為？協商劇場本身是何者的教育？從演出者
是否能擴及觀眾？這些提問筆者自身也尚未能回
應梳理。

　　時任北美館館長林平在該場結束時提到「今

天來的面孔都不熟悉，覺得自己才是局外人」，此言論的正面性解釋如孫世鐸所言，是感性的公共（美術館）和理性的公共（學院），與在地原生的民主實踐（街頭）三者的攜手；[16] 但需要思考的是，同一句話也代表著缺席，當 STS 社群跨場域至美術館後，原先的社群是否只是暫時排出空間卻未能有所交集？那想像中或對話或批判的藝術社群是否曾／會出現？

（本文作者為世新大學性別研究所碩士生、國立臺灣大學國家發展研究所博士生、國立臺北藝術大學新媒體藝術學系碩士生）

博物館之為協商劇場：一個在地知識觀點

林崇熙

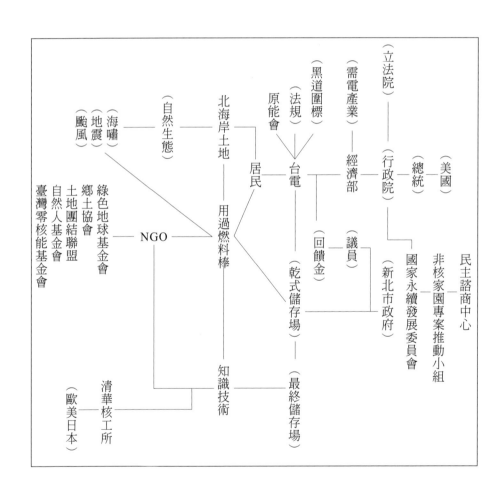

　　STS 學會與拉圖合作於北美館 2020 台北雙年展推出「協商劇場」，以〈離岸風電進行式〉、〈治理助孕科技〉、〈塑化劑爭議〉、〈核廢的未知數〉等為主題讓（原本不會湊在一起的）多元社會行動者齊聚一堂進行政治協商。我去觀察了〈核廢的未知數〉場次，將應有的行動者標誌如左圖（加括號的是缺席的行動者）。

　　協商劇場是個有趣的教育策略。學生（之為演員）必須透澈熟悉所扮演的角色立場與知識，以及各角色之間的關係與互動，從而能培養出跨域設想、多元包容、策略分析、權力解構等素養與能力。可惜的是，在北美館演出就這麼一次，除了留下錄影及攝影紀錄外，觀眾其實難以一窺堂奧。相對的，如果將博物館視為協商劇場呢？則一個博物館敘事（如清國時期「分類械鬥」、日本時代「新文化運動」、國民黨時期「白色恐怖」、「新竹科學園區的美麗與哀愁」等）就需要將相關社會行動者齊聚博物館此「交會區」進行「協商」。由於社會行動者必然包括在地居民、在地土地、在地自然生態、在地公民團體等，因而在地聲音、訴求與力量就將在協商過程中扮演重要角色，而種種在地訴求就會脈絡性地將「在地知識」命題帶入協商中，使得協商劇場將會以「在地知識」為基準來進行。

　　「在地知識」意味著「脈絡性適當」且能解決問題之意，從而是在地居民之所需。相對的，（心態上）遠離在地的台電（溝通小組）、需電產業、

經濟部、原能會、清華核工所、歐美日本知識技術、美國利益團體、颱風等，其主張難以契合在地需求，不是卡關就是帶來新災難。

如果博物館／地方志能透過協商劇場策略，呈現在地居民所需的在地知識（以及相應的權力者帶來的困擾與結構性無奈），則或許有機會賦權居民發展出另類的抵抗策略，也能夠提示還不「在地」的行動者需要好好地「在地」吧。

（本文作者為國家教育研究院院長）

代結語：台灣「協商劇場」的下一步

陳信行、林宜平、鄒宗晏

　　這次北美館的協商劇場，除了提供另一種公眾參與台灣科技爭議的機會，也讓參與者能夠藉由此次機會認識拉圖的思想。進一步而言，嘗試舉辦一次實體的物的議會促使參與者思考，像拉圖這樣非現代（non-modern）的取徑如何在台灣的科技社會情境裡扎根並連結在地。如果只從書本與文章認識拉圖的思想，爲非人行動者代言，僅僅是另一道由行動者網絡理論所給出的抽象難題。然而經由事前的籌備和排演，如何代言與中介非人行動者不再只是抽象的理論探索，而是在協商過程中與其他行動者結盟及斡旋時需要面對的具體問題。換言之，行動者、轉譯與不可化約等拉圖著作中的抽象概念，透過學生實際操演協商劇場，變成某個關乎實作的實際問題。

　　是以協商劇場作爲科技與社會課程的教學工具，能夠有助於營造一個貼合學術理論和實作現場的情境，進而幫助參與者認識當代社會科技與人互相交織下的多種可能。協商劇場就如同 Catherine Kenny、Max Liboiron 和 Sara Ann Wylie 分別於美國和加拿大所進行的自製熱顯像手電筒（DIY thermal flashlight）教學實驗，都是

能夠讓學生動手實作而學習 STS 思考的教學工具。Kenny、Liboiron 和 Wylie 分頭於加拿大的 Memorial University of Newfoundland 和美國的 Northeastern University 帶領學生製作熱顯像手電筒，這款手電筒是透過結合熱感應器、RGB LED 燈和微處理器，使該手電筒可以透過不同顏色的光直接映照出物體表面的溫度分布。由於製作材料容易取得，並且有詳細的組裝說明，學生們在課堂上大約七十五分鐘即可製作完成。之後便可以帶著這些輕便的熱顯像手電筒去觀察宿舍冰箱、教室、發電廠排水口，以及偏鄉地區暖氣的溫度和熱能分布，進而發掘熱能分布背後與基礎設施和資源分配習得相關的技術政治議題。[1]

協商劇場和 DIY 熱顯像手電筒相似，都是透過實作讓原本抽象的 STS 理論轉為操作上具體的問題。在參與的過程中，各個行動者的代言人藉由閱讀和討論台灣爭議事件的資料、法庭科技爭議研究與拉圖的理論，建立起對行動者的認識。同時透過思考協商現場的不同結盟與斡旋形式，參與者有機會能夠思考人與非人行動者在科技與社會爭議場景中所扮演的角色。協商劇場納入非人行動者、打散權力階序、重啟協商的一系列議事過程，讓艱深的 ANT 理論化為實際操作上的問題，並且在籌備和演出的過程中展現出行動者間多樣化關聯的可能性。

拉圖認為物的議會是要重新組裝人與非人的社群，不再依靠透過純化並分離自然與社會的現

代憲章，而是肯認自然與社會是由充滿混種物的連續空間所組成。科學家的代言並非全然反映自然，而是正建立新的社會和自然；當權者也並非反應人民的意志，而是打造其權柄時混入了無數的非人行動者。[2]因此參與者在代言「人」或「非人」行動者時，不僅止於扮演該角色，也中介現場的不同行動者，進而促成多樣的可能性。然而，單一一次的協商劇場，在有限的時間、空間與參與者之下，僅能產生有限的科技社會政策提案。如何讓協商劇場成為科技政策或爭議時的公民參與工具，並能夠支持其永續經營，進而促成對台灣科技政策更多樣化的反省與展望，是思考台灣協商劇場下一步為何的可能方向。

（本文作者陳信行為世新大學社會發展研究所教授、
林宜平為國立陽明交通大學科技與社會研究所副教授、
鄒宗晏為美國維吉尼亞理工大學科技與社會研究所博士生）

編後語

洪文玲

　　本書的出版，應該是 2020 台北雙年展「協商劇場」的謝幕儀式；也是更多的協商，也許有的具有劇場的形式，但相信更多的，是許多人眞實上演的人生劇場，開幕。

　　回顧 2017 年拉圖來台時，在北美館演講〈重啟現代性！等展覽的經驗——爲何科學家需要藝術家的觀點來面對當代挑戰〉，引起台灣學者們對在非博物館——特別是在藝術場館——的「展覽」感到好奇。

　　2018 年，我接下台灣科技與社會研究學會理事長後，一直希望讓 STS 對當代議題的思、覺、行，更公開地展現。2019 年 9 月，擔任 2020 雙年展共同策展人的拉圖來北美館舉辦工作坊，希望將 STS 納入雙年展，機會時刻來臨。我主動找了擔任聯絡人的保羅，表達學會正式參與的想法。接著透過與北美館的多次往來討論，匯集已有相當 STS 研究成果的社會公眾議題（助孕科技、塑化劑與核廢），加上進行中的迫切議題（氣候變遷、離岸風電），跨校整合的團隊逐漸成形。2020 年 7 月在交大的年會，團隊以「展覽緊急氣候：台灣 STS 和台北雙年展」圓桌論壇介紹這個專案，敏銳的 STS 聽眾提出諸多質疑，關於演出、眞實、資源配置等面向，原來當時我們對於協商劇場的執行想像還相當零碎。

　　7 月底，2020 雙年展公眾計畫策展人林怡華與團隊第一次深入討論，她對協商劇場的定調與詮釋，錨定了大家漂泊的思想，也獲得學會常務理事的支持。當五場次、八位主導學者三位襄助的思考複式展開，經費、時程、教學與學術架構開始交纏，利用學會行政效能成爲必然。秘書長治平出馬擔

任行政總監，明快完成行政程序，學會正式接受北美館的五場「演出」委託。立基於協商劇場的教育本質，以及有感於這個機緣的複雜與特殊，學會委託拍攝紀錄影片和規劃出書，希望這些努力與嘗試，可以發揮最大的功能。

2020 年 11 月雙年展開幕，協商劇場隨之揭幕；許多關注協商劇場的藝術評論陸續上線。STS 討論走出社會爭議的倡議現場、學術辯證現場，「現身」被更多元組成的公共群體看見、聽見，從而收穫好奇、疑問與期待。隨著一場一場不同面貌、焦點、層次的「演出」，學會逐步邀請每個議題及評論文章，書的架構也鮮明了起來。12 月最後一場落幕後，2021 年 8 月 STS學會舉辦線上年會，中文字幕的紀錄影片首播，並舉辦導演及團隊的座談；10 月，英文字幕版於國際科技與社會研究學會（Society for the Social Studies of Science，簡稱 4S）線上年會公開。2023 年中，本書終於完成。

本書大部分文稿完成於協商劇場後一年間；雖有略為修改以利讀者符合當前情勢閱讀，仍反映作者當時的投入與反思。感謝國立陽明交通大學出版社程惠芳執行主編，活動結束後兩年多不離不棄，將一篇篇的稿子與幾十張幾乎佚失來源的圖片，編輯成書，讓文字和我們一起，繼續發揮力量。

感謝台灣 STSer 由讀書會發展成社群，成立學會運作至今，毫不止歇地持續進行傳統學術界認為瘋狂的外溢嘗試，從翻譯營、造風車、上法庭、寫唱歌、策展覽，到拍科普影片拿到金鐘獎，到做公眾溝通玩到北美館雙年展。感謝 STS 夥伴不爭不搶的合作風格，誰能誰上，誰有誰出。我們越來越落地，越來越勇敢。

台灣 STS 學會的夥伴將持續認真又幽默地，與台灣社會一起交纏創新。STS 作為一個跨領域的學術領域，擴大、延展、變形與滲透，我們始終相信，山也 STS，海也 STS，山海之間的世間事萬種物，終究都會 STS-ing。

有興趣嘗試協商劇場嗎？本書的企圖之一，就是吸引處理爭議問題的實踐者，以及希望跨領域教學的國、高中老師，迫不及待地想試試看。當您翻到這裡，請務必試著啟動這場教學實驗，收穫獨一無二的協商經驗吧！

啟動協商劇場的教學 in a nutshell

1. 定義一個包含多元面向，具有多重可能性的議題。

2. 找出重要的人與非人行動者。

3. 擬定一個（或數個）行動者們可以聚集互動的場景，真實或虛構皆可，
   即可規劃場景行程表（劇情綱要腳本）。

4. 「扮演者」深入研究了解自己的角色，撰寫角色說明書。

5. 選擇性加碼做法，如文獻研讀、劇場工作坊、田野訪查、扮相服裝
   等等。

6. 上場協商！（場地、宣傳、開放觀眾與否等等，可自訂）

▶ 台北雙年展 X 台灣 STS 的起點。2019 年 9 月，拉圖、馬汀與台灣 STS 社群在北美館進行第一次的合作討論。時任北美館館長的林平，與後來參與協商劇場規劃的林宜平、杜文苓、吳嘉苓、陳信行、彭保羅也都在場。（彭保羅／提供）

資料來源

離岸風電進行式：未來工程師的社會連結實作

[1] 財團法人工業技術研究院。工業技術研究院風力發電單一服務窗口官方網站。https://www.twtpo.org.tw/

[2] 財團法人工業技術研究院（2008）。風力發電開發環境建構計畫（PG9703-0256）。經濟部能源局。https://www.grb.gov.tw/search/planDetail?id=1564838

重回塑化劑食品事件：協商劇場與「換位思考」的教與學

[1] 拉圖（Latour, B.）（2012）。*我們從未現代過*（余曉嵐、林文源、許全義譯）。群學。（原著出版於 1991 年）

[2] 謝平（Shapin, S.）、夏佛（Schaffer, S. I.）（2006）。*利維坦與空氣泵浦：霍布斯、波以耳與實驗生活*（蔡佩君譯）。行人。（原著出版於 1985 年）

[3] 黃玉垣（2018）。*臺灣彰化地方檢察署偵查實錄民生犯罪篇：食安三部曲*。臺灣彰化地方檢察署。https://www.chc.moj.gov.tw/296309/296339/948395/948399/

[4] 監察院（2011 年 10 月 6 日）。塑化劑風波重創我國食品形象　監察院糾正行政院、衛生署及環保署。監察院新聞稿。https://www.cy.gov.tw/News_Content.aspx?n=124&sms=8912&s=5782

[5] 臺東醫院家醫科（2011）。食品中塑化劑污染。*衛教手冊*。https://www.tait. mohw.gov.tw/?aid=509&pid=75&page_name=detail&iid=346

你我與氣候足跡

[1] 拉圖（Latour, B.）（2019）。*面對蓋婭：新氣候體制八講*（陳榮泰、伍啓鴻譯）。群學。（原著出版於 2015 年）

[2] 拉圖（Latour, B.）（2020）。*著陸何處：全球化、不平等與生態鉅變下，政治該何去何從？*（陳榮泰、伍啓鴻譯）。群學。（原著出版於 2017 年）

[3] Global Footprint (n.d.). https://www.footprintnetwork.org/

[4] Global Footprint (n.d.). https://www.footprintnetwork.org/about-us/our-history/

[5] 同本篇資料來源 [3]。

[6] 經濟部能源局（2023 年 1 月 6 日）。*車輛能源效率管理*。www.moeaboe.gov.tw

[7] 趙家緯、周桂田（2017）。能源轉型下的電價新思考。*經濟前瞻*，172：28-33。

[8] 翁渝婷、徐健銘（2020 年 2 月 25 日）。嶄新的轉機：台灣未來世代參與機制。國立臺灣大學風險社會與政策研究中心。https://rsprc.ntu.edu.tw/zh-tw/m01-3/ climate-change/1376-1090225-future-engage.html

[9] Jobin, P. (2021). Conclusion: Environmental Movements and Political Regimes, or Why Democracy Still Matters in the Anthropocene. In Paul Jobin, Ming-sho Ho & Hsin-Huang Michael Hsiao (Eds.), *Environmental Movements and Politics of the Asian Anthropocene* (pp. 317-349). ISEAS.

[10] Mann, M. (2013). T*he Hockey Stick and the Climate Wars: Dispatches from the Front Lines*. Columbia University Press.

[11] Na'amneh, M., Shunnaq, M., & Tastasi, A. (2008). The Modern Sociocultural Significance of the Jordanian Bedouin Tent. *Nomadic Peoples*, 12(1), 149-163.

[12] Schmidgen, H. (2015). *Bruno Latour in Pieces: An Intellectual Biography*. Fordham University Press.

[13] Coccia, E. (2020). Nature is not your household. In Bruno Latour and Peter Weibel (Eds), *Critical Zones: The Science and Politics of Landing on Earth* (p.300). MIT Press.

[14] Ibid.(p.300).

[15] Ibid (p.301).

[16] Ibid (p.301).

[17] Mann, M. (2021). *The New Climate War*. Public Affairs.

[18] 同本篇資料來源 [1]。

[19] 彭保羅（Jobin, P.）（2020 年 11 月 21 日）。拉圖、施密特與台北雙年展的戰爭和外交。2020 台北雙年展《你我不住在同一星球上》的「外交新碰撞」開幕研討會。芭樂人類學。https://guavanthropology.tw/article/6847，2020 年 12 月 7 日。

[20] 張國暉（2013）。當核能系統轉變為科技政體：冷戰下的國際政治與核能發展。*科技、醫療與社會*，16：103-160。

[21] Chou, K. T., Walther, D., & Liou, H. M. (2019). The conundrums of sustainability: Carbon emissions and electricity consumption in the electronics and petrochemical industries in Taiwan. *Sustainability*, 11(20), 5664. https://doi.org/10.3390/su11205664

[22] Hecht, G. (1998). *The Radiance of France: Nuclear Power and National Identity After World War II*. MIT.

[23] 張國暉（2013）。當核能系統轉變爲科技政體：冷戰下的國際政治與核能發展。*科技、醫療與社會*，16：103-160。

[24] Dietz M., & Garrelts, H. (2014). *Routledge Handbook of the Climate Change Movement*. Routledge.

[25] Holifield, R., Chakraborty, J., & Walker, G. (Eds.). (2017). *Handbook of Environmental Justice*. Routledge.

[26] Asara V., Otero I., Demaria F., & Corbera, V. (2015). Socially sustainable degrowth as a social–ecological transformation: repoliticizing sustainability. *Sustainability Science*, 10(3), 375–384.

[27] Sinaï, A., & Szuba, M. (Eds.). (2017). *Gouverner la décroissance: Politiques de l'Anthropocène III*. Presses de Sciences Po.

[28] Siniscalchi, V. (2013). Environment, regulation and the moral economy of food in the Slow Food movement. *Journal of Political Ecology*, 20, 295-305.

[29] 萬尹亮（2020）。台灣另類食物運動的轉變：消費行動配置的觀點。*台灣鄉村研究*，15：31-72。

[30] BotFeeder。PLA 塑膠。https://www.botfeeder.com.tw/pla_material.htm

助孕科技使用與規範的地景藍圖：台灣的 STS 教學、倡議與協商劇場

[1] Sewell, W. H. (1992). A theory of structure: duality, agency, and transformation. *American Journal of Sociology*, 98(1), 1-29.

[2] Law, J., & Mol, A. (2008). The actor-enacted: Cumbrian sheep in 2001. In Carl Knappett and Lambros Malafouris (Eds), *Material agency towards a nonanthropocentric approach* (pp. 57-77). Springer.

[3] 吳易叡（2018）。人類世：跨學科的愛恨情仇。*歷史學柑仔店*。https://kamatiam.org/人類世跨學科的愛恨情仇

[4] 洪廣冀（2019）。《面對蓋婭》推薦序：人類世的憂鬱與療癒。在拉圖（Bruno Latour）著、陳榮泰、伍啓鴻譯，*面對蓋婭：新氣候體制八講*（頁 15-17）。群學。

[5] 台北市立美術館（2020）。2020 台北雙年展協商劇場。https://www.tfam. museum/Event/Event_page.aspx?id=3141&ddlLang=zh-tw

[6] 劉文（2020 年 12 月 30 日）。專訪布魯諾・拉圖：「台灣對我即是整個世界」，由全球重返地的邏輯。*BIOS monthly*。https://www.biosmonthly.com/article/10659

[7] 拉圖（Latour, B.）（2019）。面對蓋婭： 新氣候體制八講（陳榮泰、伍啓鴻譯），頁 376。群學。（原著出版於 2015 年）

正視氣候足跡的警鐘

[1] 譯自 "Azote for Stockholm Resilience Centre, based on analysis in Wang-Erlandsson et al 2022"

[2] Earth overshoot day (n.d.). Country Overshoot Days. https://www. overshootday.org/newsroom/country-overshoot-days/

[3] Gore, T. (2020, September 21). Confronting carbon inequality: Putting climate justice at the heart of the COVID-19 recovery. *Oxfam.* https://www.oxfam.org/en/research/confronting-carbon-inequality

[4] Oswald, Y., Owen, A., & Steinberger, J. K. (2020). Large inequality in international and intranational energy footprints between income groups and across consumption categories. *Nature Energy*, 5, 231-239.

[5] Ivanova, D., & Wood, R. (2020). The unequal distribution of household carbon footprints in Europe and its link to sustainability. *Global Sustainability*, 3(e18), 1–12.

[6] Steffen, W., Richardson, K., Rockström, J., Cornell, S. E., Fetzer, I., Bennett, E. M.,Biggs, R., Carpenter, S. R., De Vries, W., De Wit, C. A., Folke,C., Gerten, D., Heinke, J., Mace, G. M., Persson, L. M., Ramanathan, V., Reyers, B., & Sörlin, S. (2015). Planetary boundaries: Guiding human development on a changing planet. *Science*, 347(6223), 1259855.

[7] Wiedmann, T., Manfred Lenzen, Keyßer, L. T., & Steinberger, J. K. (2020). 'Scientists' warning on affluence. *Nature communications*, 11(1): 1–10.

現身、代言與協商：參與者的一些反思

[1] 拉圖（Latour, B.）（2012）。*我們從未現代過*（余曉嵐、林文源、許全義譯）。群學。（原著出版於 1991 年）

[2] 馬汀（Martin E.）（2004）。卵子與精子：科學如何建構了一部以男女刻板性別角色為本的羅曼史（顧采璇譯）。在吳嘉苓、傅大為、雷翔麟（主編），*科技渴望性別*（頁199-224）。群學。（原文出版於 1991 年）。更多科學與技術物政治性的案例與論述可參 Langdon Winner（2004）。技術物有政治性嗎（方俊育、林崇熙譯）。在吳嘉苓、傅大為、雷翔麟（主編），*科技渴望社會*（頁 123-150）。群學。（原文出版於 1986 年）。

[3] 陳信行（2016）。*看見不潔之物：工業社會中知識權威的文化實作*。台灣社會研究雜誌社。

[4] 尤美女立法院新聞稿（2012 年 6 月 1 日）。敲破恐龍蛋孵育所：你所不知道的司法官訓練所。立法院。https://www.ly.gov.tw/Pages/Detail. aspx?nodeid=12325&pid=155851

[5] 吳政峰（2018 年 5 月 25 日）。檢察署「去法院化」 今日全數更名完畢。*自由時報*。https://news.ltn.com.tw/news/society/breakingnews/2437002

[6] 黃玉垣（2018）。*臺灣彰化地方檢察署偵查實錄民生犯罪篇：食安三部曲*。臺灣彰化地方檢察署。https://www.chc.moj.gov.tw/296309/296339/948395/948399/

[7] 周桂田（2005）。知識、科學與不確定性：專家與科技系統的「無知」如何建構風險。*政治與社會哲學評論*，13，131-180。

[8] Nomura Greentech (2019, June 24). Laurence Tubiana Sustainable Heroes IV. https://www.greentechcapital.com/heroes-articles/laurence-tubiana/

[9] 拉圖（Latour, B.）（2019）。*面對蓋婭：新氣候體制八講*（陳榮泰、伍啓鴻譯）。群學。（原著出版於 2015 年）

[10] 同本篇參考資料 [1]。

[11] Sciences Po (n.d.). Master en arts politiques. https://www.sciencespo. fr/public/fr/formations/master-arts-politics.html

[12] 廖英凱（2020 年 11 月 3 日）。五百多篇與萊克多巴胺有關的文獻，能告訴我們什麼事？*泛科學*。https://pansci.asia/archives/194574

[13] 戴元利（2018 年 04 月 09 日）。外食族小心 研究：體內塑化劑含量高 35%。*TVBS 新聞網*。https://news.tvbs.com.tw/life/898208

[14] Huang, C. F., & Wang, I. J. (2017). Changes in urinary phthalate metabolite levels before and after the phthalate contamination event and identification of exposure sources in a cohort of Taiwanese children. *International journal of environmental research and public health*, 14(8), 935. https://doi.org/10.3390/ijerph14080935

[15] 台北市立美術館（2020）。台北雙年展協商劇場。*YouTube*。https://www. youtube. com/watch?v=Y4pK7GRWFH8

[16] 孫世鐸（2021 年 1 月 22 日）。懸而未決的「公共」：2020 台北雙年展公眾計畫「協商劇場」。 *Udn 鳴人堂*。https://opinion.udn.com/opinion/story/10124/5192947

代結語：台灣「協商劇場」的下一步

[1] Kenny, C., Liboiron, M., & Wylie, S. A. (2019). Seeing power with a flashlight: DIY thermal sensing technology in the classroom. *Social Studies of Science*, 49(1), 3-28.

[2] 拉圖（Latour, B.）（2012）。*我們從未現代過*（余曉嵐、林文源、許全義譯）。群學。（原著出版於 1991 年）

影片紀錄

2020 台北雙年展 x STS 協商劇場紀錄片 ——————————— 中文字幕版
2020 Taipei Biennial X STS Theater of Negotiations

影片導演：林佑恩

　　　　畢業於倫敦大學金匠學院，主修攝影與
　　　　城市文化，以首次執導紀錄片《度日》
　　　　獲 2021 年第 43 屆金穗獎「金穗大獎」、
　　　　2022 年第 58 屆金馬獎「最佳紀錄短片」。

English subtitled

委託製作：台灣科技與社會研究學會

影片長度：35 分鐘

協商劇場影片映後座談 ———————————————

錄製日期：2021 年 8 月 13 日

錄製地點：台灣科技與社會研究學會年會（線上）

影片長度：35 分鐘

主持人：洪文玲

與談人：林佑恩導演

【論壇】STS 的公共性與現身：從協商劇場再出發 —————

錄製日期：2021 年 8 月 13 日

錄製地點：台灣科技與社會研究學會年會（線上）

影片長度：二小時

主持人：洪文玲、林怡華

與談人：彭保羅、杜文苓、楊智元、陳信行、林宜平、吳嘉苓、羅凱凌

協商劇場策展團隊 (依演出場次順序)

洪文玲

國立高雄科技大學造船及海洋工程系副教授，「協商劇場」計畫統籌。美國密西根大學造船及輪機工程博士。曾任台灣科技與社會研究學會理事長、文化部水下文化資產審議委員。致力於研究與推動公眾與工程運作的連結、科學及技術的公共溝通、公民與海洋議題等。曾參與 2019 年第 54 屆金鐘獎自然科學紀實節目獎《打開社會事件 S 檔案》的製作。

王治平

國立高雄科技大學造船及海洋工程系副教授，《協商劇場》計畫統籌。英國牛津大學工程科學博士。曾任台灣科技與社會研究學會秘書長。長期關注公民科學、公眾對科學的認知、船舶科普等議題，同時參與大學教育改革等教學計畫。

楊智元

國立政治大學創新國際學院助理教授，英國蘭卡斯特大學社會學博士。其強調科學知識在政策過程當中所展現的公共合理性權威，並重視工程技術選擇所傳達出的累積性文化意涵。研究案例包含電力工程調度、專家費率審定會、在地化的太陽能安裝等。近期研究則轉向人類世科學對於人文社會科學的挑戰與對話。

彭保羅

中央研究院社會學研究所副研究員，法國高等社會科學研究院（EHESS）經濟社會學博士。長年關心公害與環境議題，包含日本水俣病、福島核災、台灣 RCA 案、台塑六輕等議題，近年來主要關切人類世議題的社會與政治問題。

鄭師豪

國立政治大學社會學系碩士。畢業於國立成功大學化學工程學系，因有感於當代日趨複雜且嚴峻的社會樣貌，進而轉入科技與社會領域，嘗試了解科技與社會的複雜交織，尤其關心空氣污染議題。

吳嘉苓

國立臺灣大學社會學系教授，美國伊利諾大學香檳校區社會學系博士。主要專長領域為醫療社會學、性別研究，科技與社會研究。目前從事的研究主題包括臺日韓的生殖科技爭議、風險治理與身體政治，另類科技社會運動等，並與一起專注生育議題的朋友，創辦成立生育改革行動聯盟（生動盟）。

陳韋宏

國立臺灣大學社會學系博士生。主要研究領域為醫療社會學以及科技與社會研究，關注健康照護中的身體及其療癒。碩士論文《「動作專家」還是「儀器操作員」？物理治療師的專業自主與照護實作》獲得 2019 年台灣科技與社會研究學會以及台灣社會研究學會碩士論文獎佳作。現正從事運動醫學／科學田野工作。

陳信行

世新大學社會發展研究所教授，壬色列理工學院科學與技術研究（STS）博士。現任《台灣社會研究季刊》主編、East Asia Science, Technology and Society 副主編、RCA 集體職災求償訴訟勞工顧問團成員。曾任《科技、醫療與社會》主編；Society for the Social Studies of Science（國際科技與社會研究學會，簡稱 4S）理事。2016 年著作《看見不潔之物》一書，即從 RCA 案的經驗出發，探討職災、污染與食安──這組「三合一議題」在不同政治文化脈絡下的社會實作。

林宜平

國立陽明大學科技與社會研究所副教授,國立臺灣大學公共衛生學院衛生政策及管理研究所博士。曾任陽明大學科技與社會研究所所長。學術專長為科技與社會、性別與健康、環境與健康、風險管理與溝通、醫療人類學、社會流行病學等。為 RCA 集體職災求償訴訟勞工顧問團成員。

鄒宗晏

美國維吉尼亞理工大學科技與社會研究所博士生,目前也擔任該校大學部通識課工程文化(Engineering Cultures)講師。研究主題聚焦海洋塑膠污染的跨國治理。

杜文苓

國立政治大學公共行政學系特聘教授兼創新國際學院院長。美國加州柏克萊大學環境規劃博士。現任政大創新民主中心主任、EASTS(東亞科技與社會)期刊主編。學術專長為環境治理、科技與社會、風險溝通、公民科學、公共審議等。長期關注環境民主課題,推動跨域研究與公共審議實作,擔任2019年第54屆金鐘獎自然科學紀實節目獎獲獎影集《打開社會事件S檔案》的計畫主持人。

羅凱凌

國立政治大學政治學系博士,德國杜賓根大學博士候選人。曾任國立政治大學社會科學院民主創新與治理中心副主任。其關心公共參與、跨域治理、政策溝通、民主治理等議題,長期推動參與式治理、公共審議、指標性案例的創新與發展等規劃與執行活動。

國家圖書館出版品預行編目 (CIP) 資料

「協商劇場」在北美館：藝術、科技與公眾參與的五場教學實驗
=THEATER OF NEGOTIATIONS at the Taipei Biennial 2020: Five
Pedagogical Experiments of Arts, Technoscience and Public Engagement/
林宜平, 林崇熙, 吳嘉苓, 房思宏, 洪文玲, 郭育安, 陳宗文, 陳韋宏,
陳信行, 區曣中, 彭保羅, 楊智元, 楊克鈞, 鄭宗晏, 趙家緯, 董芸安,
鄭師豪, 謝新誼作; 洪文玲主編.

-- 初版. -- 新竹市 : 國立陽明交通大學出版社, 2023.07

面; 公分. -- (科技與社會系列)

ISBN 978-986-5470-69-2(平裝)

1.CST: 科學技術 2.CST: 社會問題 3.CST: 社會參與 4.CST: 教學實驗

541.41   112009438

科技與社會系列

「協商劇場」在北美館：藝術、科技與公眾參與的五場教學實驗

主　　編：洪文玲
策　　劃：台灣科技與社會研究學會
作　　者：林宜平、林崇熙、吳嘉苓、房思宏、洪文玲、郭育安、陳宗文、陳韋宏、陳信行、區曣中、
　　　　　彭保羅、楊智元、楊克鈞、鄭宗晏、趙家緯、董芸安、鄭師豪、謝新誼（依姓氏筆劃序）
封面設計：兒日設計
美術編輯：黃春香
責任編輯：程惠芳

出 版 者：國立陽明交通大學出版社
發 行 人：林奇宏
社　　長：黃明居
執行主編：程惠芳
行　　銷：蕭芷芃
地　　址：新竹市大學路 1001 號
讀者服務：03-5712121 #50503　（週一至週五上午 8:30 至下午 5:00）
傳　　真：03-5731764
e - m a i l：press@nycu.edu.tw
官　　網：https://press.nycu.edu.tw
FB 粉絲團：https://www.facebook.com/nycupress
印　　刷：長達印刷有限公司
出版日期：2023 年 7 月一刷
定　　價：380 元
I S B N：9789865470692
G P N：1011200716

展售門市查詢：

　陽明交通大學出版社　https://press.nycu.edu.tw
　三民書局（臺北市重慶南路一段 61 號））
　網址：http://www.sanmin.com.tw　電話：02-23617511

或洽政府出版品集中展售門市：
　國家書店（臺北市松江路 209 號 1 樓）
　網址：http://www.govbooks.com.tw　電話：02-25180207
　五南文化廣場（臺中市西區臺灣大道二段 85 號）
　網址：http://www.wunanbooks.com.tw　電話：04-22260330